소목 포석

1. 화점·소목에서 굳힘과 걸침

소목 포석 1. 화점·소목에서 굳힘과 걸침

초판 1쇄 발행   2025년 12월 15일

지은이   이하림
발행인   조상현
마케팅   조정빈
발행처   더디퍼런스

등록번호   제2018-000177호
주소   경기도 고양시 덕양구 큰골길 33–170
문의   02-712-7927
팩스   02-6974-1237
이메일   thedibooks@naver.com
홈페이지   www.thedifference.co.kr

독자여러분의 소중한 원고를 기다리고 있습니다. 많은 투고 부탁드립니다.

ISBN 979-11-6125-572-9 13690

소목 포석

1. 화점·소목에서 굳힘과 걸침

이하림 지음

●

들어가는 말

●

"바둑의 신이 있다면 인간의 최고수와 몇 점이면 적당할까?" 오래 전부터 이런 궁금증이 있었습니다. 그동안 인간은 두점 접바둑이면 이긴다고 자신감에 넘치기도 했지만 막상 신급 존재인 인공지능(AI)이 등장하자 넉 점에도 목숨을 걸기 어려운 시대가 되었습니다. AI등장 초기에는 그래도 해볼만하다는 생각이 있었는데 AI가 진화에 진화를 거듭하면서 지금은 바둑의 적수가 아닌 스승으로 받아들이기에 이르렀습니다.

AI시대에는 생각지도 못했던 기술이 창궐합니다. AI가 보여주는 바둑의 세계는 정말 신비롭지요. 상식을 벗어난 수가 신기하게도 힘을 발휘하는 등 상황에 따라 변신하는 둔갑술의 천재입니다. 인간은 보이는 힘만 믿지만 AI는 보이지 않는 힘으로 세밀하게 분석하고 종합적 판단을 내립니다.

특히 바둑의 초반은 감성과 감각이 지배하는 시공간이며 단순 인공지능의 계산으로는 인간지능을 넘을 수 없는 금기의 영역이었는데, 더욱 강력해진 인공지능은 이런 고정관념을 보기 좋게 깨뜨리며 인간의 감성을 압도했습니다. 미지의 세계인 초반에도 신출귀몰한 AI는 거침없이 계산을 하며 이에 따라 정석과 포석에서도 혁명이 일어났습니다.

그동안 인공지능이 차가운 이성으로 인간 바둑의 세계를 파헤쳐왔다면 이제는 인공지능 바둑의 심오한 세계를 인간의 따뜻한 감성으로 분석할

차례입니다. 이 책의 기획 배경은 이처럼 달라진 바둑 수법을 AI의 새로운 시각으로 보여주려는 데 있습니다.

정석 분야에서는 주로 사용하는 화점과 소목이 대상인데, 화점 정석은 핸드북 네 권, 소목 정석은 두 권의 시리즈로 완결했습니다.

포석 분야는 실전에서 정석이 적용되며 전체 국면의 골격에 해당합니다. 그중 화점 포석은 두 권의 시리즈로 완결했습니다. 이번에는 소목 포석이 과제인데, '소목 포석 1'은 화점·소목에서 굳힘과 걸침에 대해, '소목 포석 2'는 AI시대 중국식과 양소목에 대해 다룹니다.

본문은 유형별로 이어지며, 보충 학습을 위해 필요에 따라 유형 말미에 '원포인트 레슨'을 넣었습니다. 전반적으로 낮은 단계에서 높은 단계까지 두루 독자의 수준에 맞춰 AI시대를 관통하는 포석의 길잡이로 삼을 수 있도록 체계적이고 실전적이며 흥미롭게 꾸미고자 노력했습니다.

바둑의 신을 상상했던 세계가 현실이 되었습니다. 우리가 AI로부터 배울 점은 종합적 관점에 의한 대세적 안목과 열린 사고에 의한 창의적 발상입니다. 이 책에는 AI로부터 전수받은 다양한 포석과 변화들이 등장하지만 사실 AI는 포석이란 무엇인지도 모릅니다. 어차피 AI는 말이 없습니다. 오직 계산하고 판에다 실천할 뿐입니다. 포석도 인간의 언어인 만큼 어떻게 활용할지는 전국을 바라보는 여러분의 안목에 달렸겠지요.

더불어 AI시대에 바둑을 즐기면서 실력을 늘리는 비결은 모양에 구애받지 않는 자유자재한 인공지능의 냉정한 계산에 모양을 중시하는 인간의 예술적 열정으로 생명을 불어넣는 조화로운 공존 아닐까요.

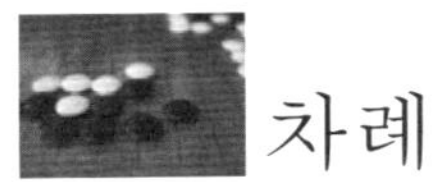

차례

5형 소목 한칸굳힘 – 구형 변화에서

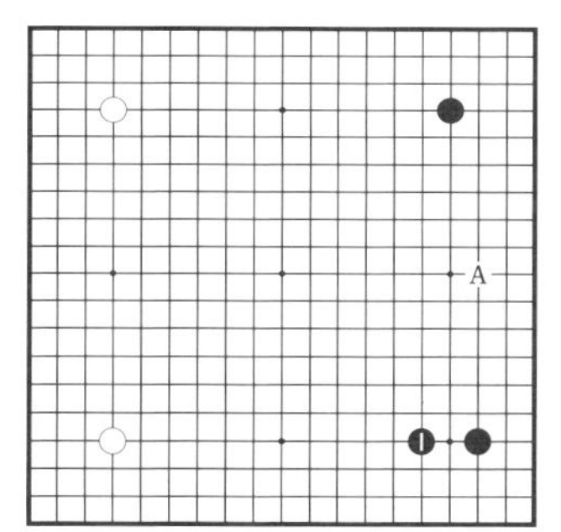

53

6형 소목 한칸굳힘 – 신형 머리붙임

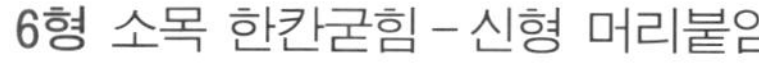
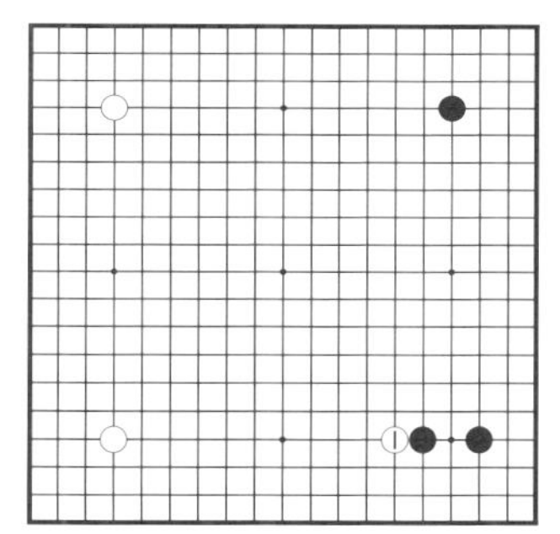

64

7형 소목 두칸굳힘 – 귀의 핵심 변화

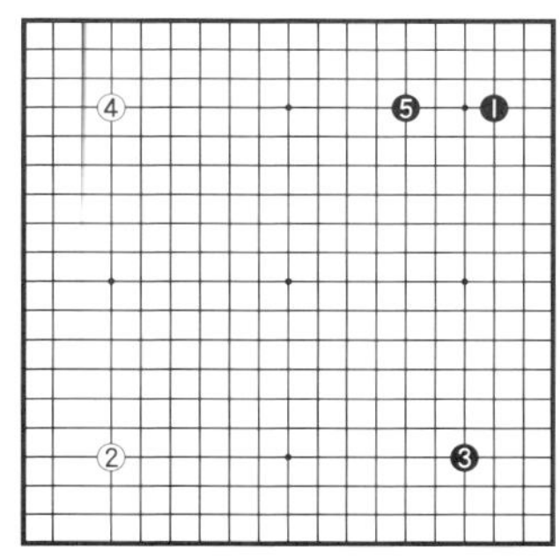

75

2부 ☞ 화점·소목에서 걸침 포석

8형 고바야시 포석 – 눈목자걸침에 마늘모 지킴

90

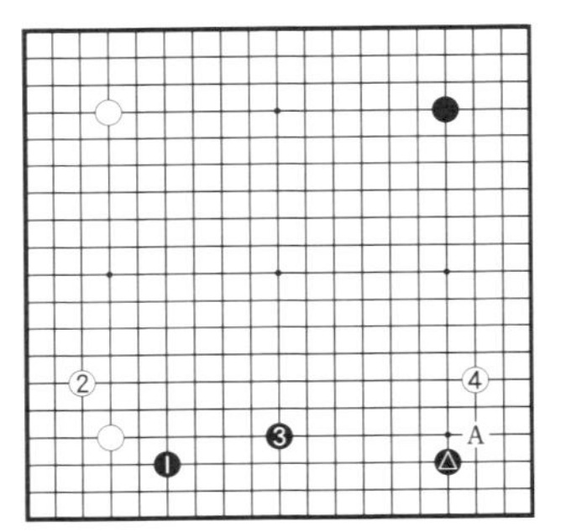

9형 고바야시 포석 – 눈목자걸침에 한칸과 협공

101

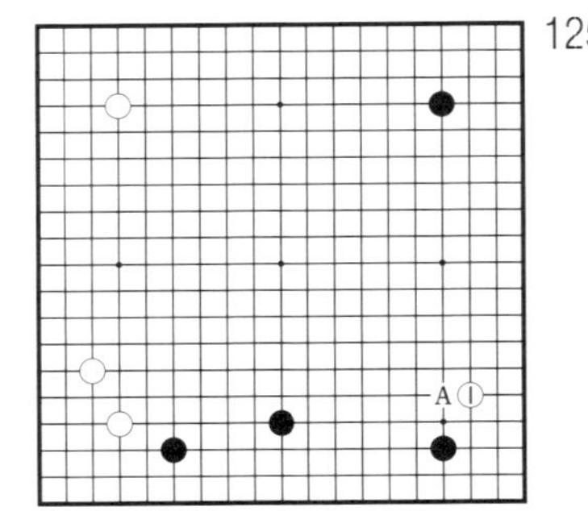

10형 고바야시 포석 – 두칸걸침

114

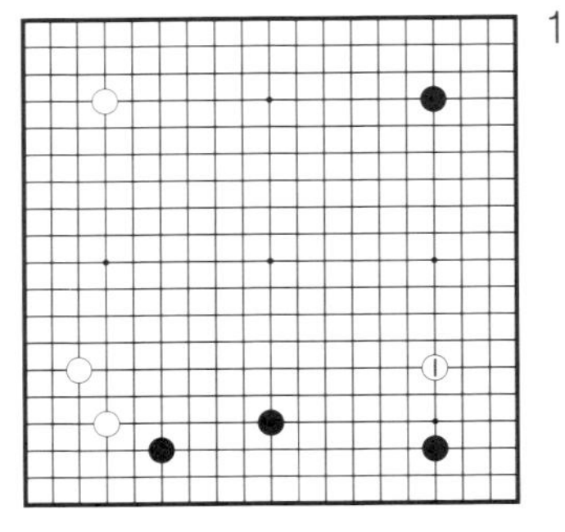

11형 고바야시 포석 – 신형 날일자걸침

125

12형 고바야시 포석 – 신형 한칸걸침

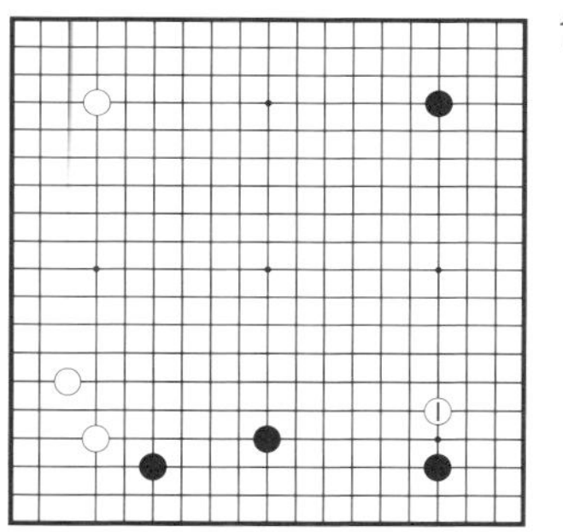

134

13형 모양 방해하는 맞걸침(내향 소목에서)

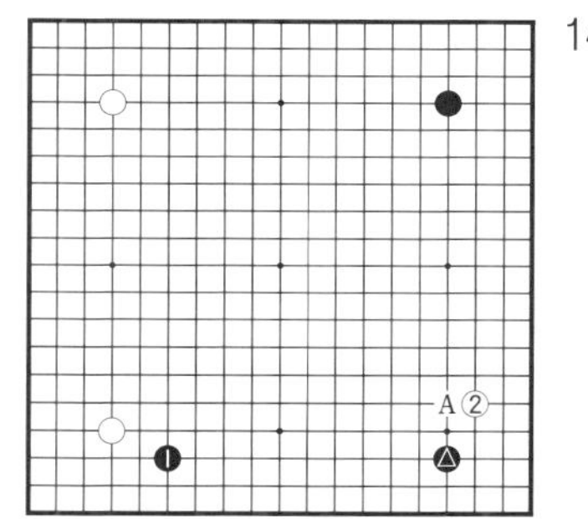

145

14형 모양 방해하는 맞걸침(외향 소목에서)

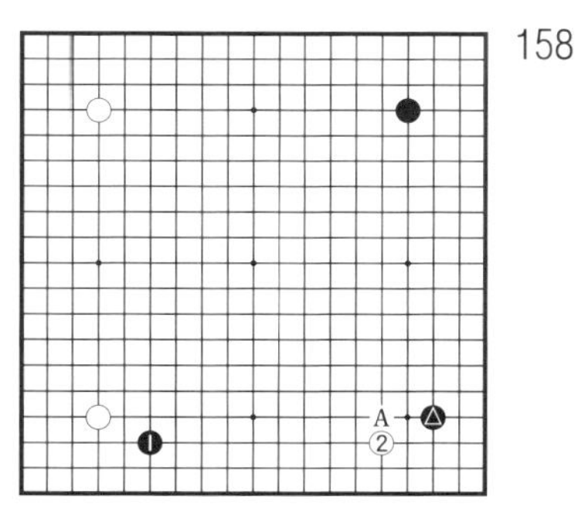

158

1부
화점·소목에서 굳힘 포석

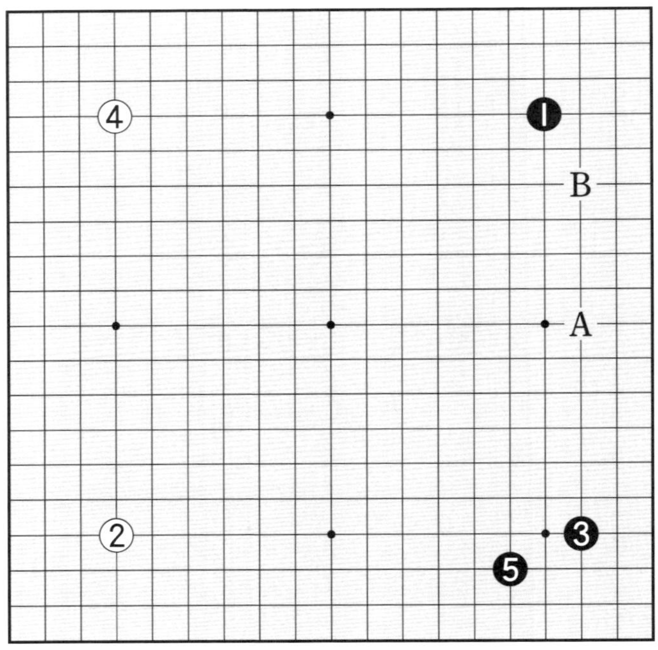

  흑1과 3의 화점·소목 포석에서 5의 날일자굳힘은 가
장 안정적 자세이다. 특히 흑3은 상대를 향하는데 편의
상 '외향 소목'이라 부르기로 하며, 굳힘 포석에서는 주
로 외향 소목을 기준해서 다룬다. 이 구도에서 백은 A
의 갈라침과 B의 걸침을 예전부터 많이 두었다. 소목 포
석의 첫 단추는 여기서부터 출발한다.

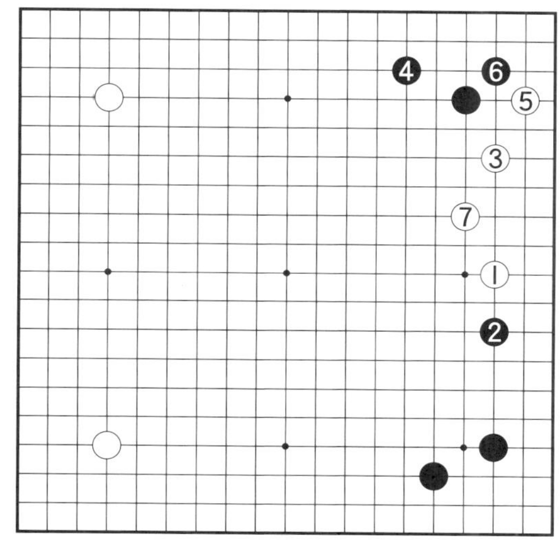

1도(무난한 방안)

백1의 갈라침은 AI의 시선에서 백점은 아니지만 양쪽 벌림을 맞보는 무난한 방안이다.

흑이 굳힘에서 2로 다가서는 경우 백3으로 걸친 후 7까지 모양을 구축하면 서로 균형이 잡힌 타협이다.

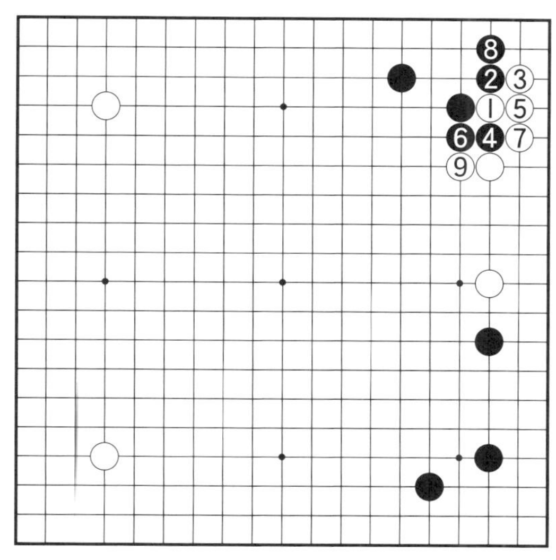

2도(권장 수단)

앞 그림 흑4 때 AI라면 백1, 3으로 붙이고 젖히는 수단을 권장한다.

이하 9까지 정석 수순을 밟으면 앞 그림보다 백이 조금이라도 낫다고 보는데, 흑8은 좌측 3三침입으로 전환할 수도 있다.

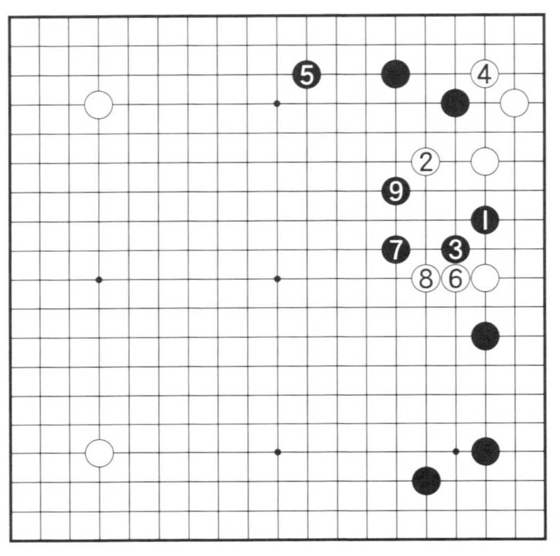

1도 백5 때 흑1로 백진에 침입하는 경우 백2로 나간 후 9까지 알려진 공방이다.

AI 시각에서 이 진행이면 일단 백이 불만 없다고 본다.

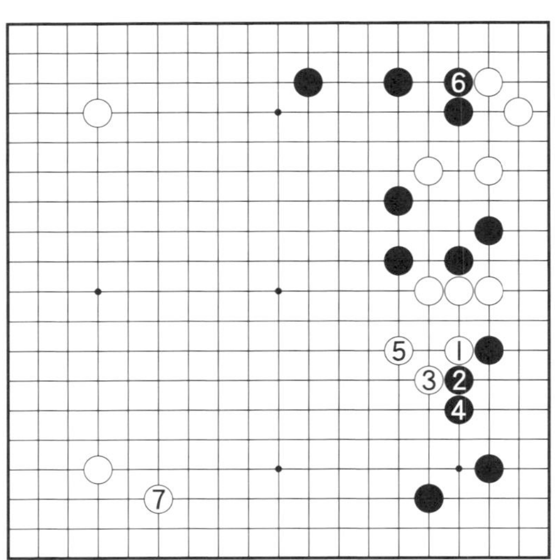

이다음 백1, 3은 예전부터 알려진 정리법인데 AI 시각에서는 다소 무겁다고 본다.

흑4로 가만히 뻗는 것이 좋고 백5로 틀을 잡을 때 흑6으로 막는 것이 요소인데 이렇게 두면 흑도 거의 균형이 잡힌 국면이다.

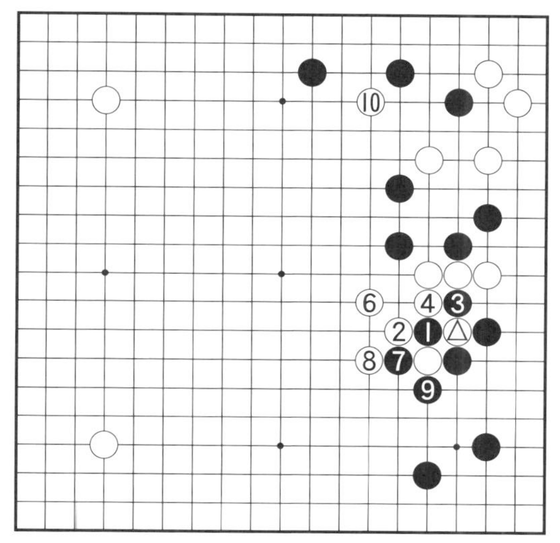

5도(흑, 중복)

앞 그림 백3 때 흑1, 3으로 잡고 이하 9까지 지키는 것은 장단을 맞춰주는 정리법인데 중복에 가깝다. 중앙 백 모양에 탄력이 붙었고 10으로 활용하면서 우변 흑을 노리면 백이 활발한 국면이다.

6도(백, 만족)

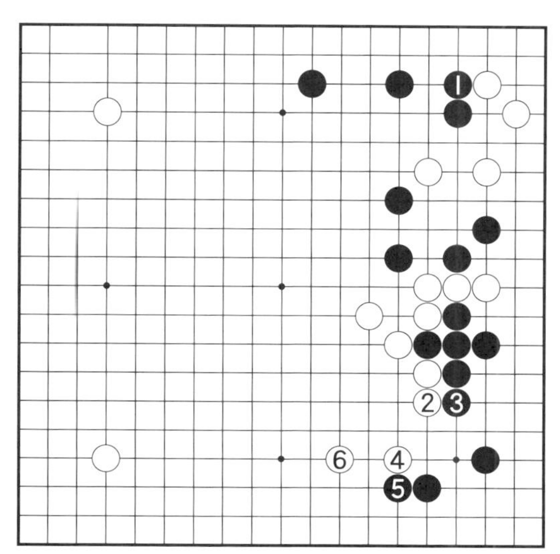

앞 그림 백6 때 흑1의 요소부터 막아도 백2 이하 6까지 중앙에서 하변으로 이어지는 백 모양이 산뜻해서 백의 만족이다.

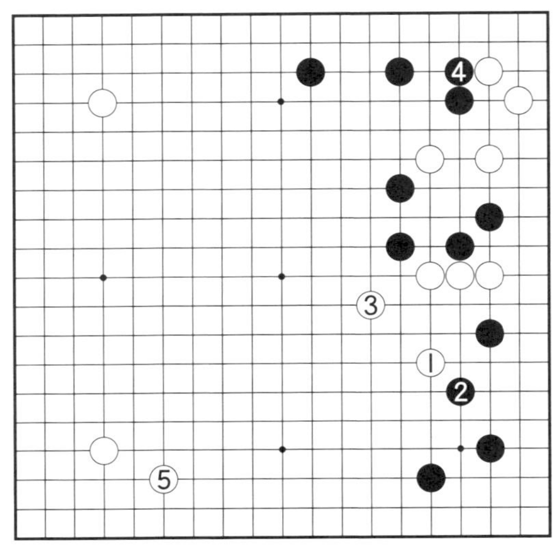

7도(백, 유연한 정리)

3도 다음 백1, 3이 AI가 권하는 유연한 정리이다.

그리고 나서 흑4에 백은 5로 굳히면서 약간 편한 국면을 이어간다.

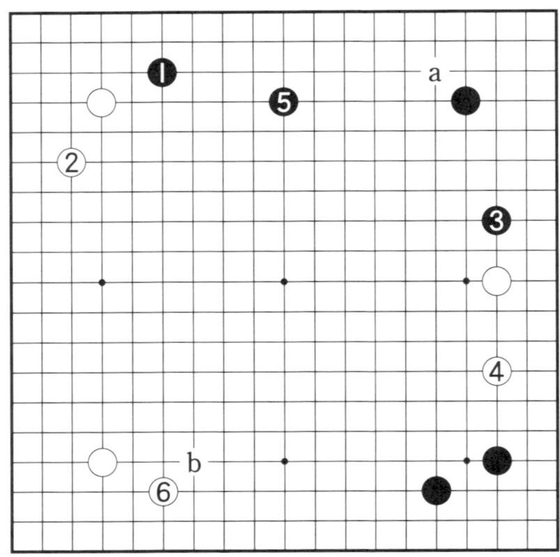

8도(발전된 수법)

되돌아가서 흑1로 걸치고 3으로 화점에서 다가선 후 5의 모양 구축은 발전된 수법이다. AI 시각에서는 백6으로 굳히면 호각으로 보며, 흑의 다음수로 a의 지킴과 b의 어깨짚음을 동일한 가치로 추천한다.

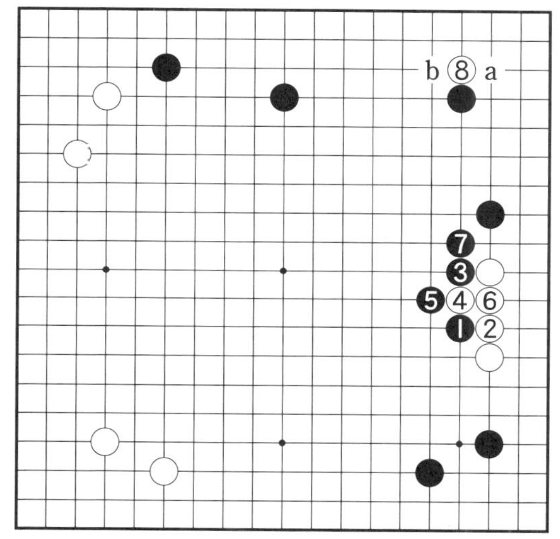

9도(흑의 기대)

이다음 흑이 기대하는 것은 우변 1, 3으로 압박해서 7까지 모양을 확장하는 것이다.

이러면 백도 8의 침투가 급하지만 AI 진단은 a와 b 어느 쪽으로 흑이 막든 활발하다고 본다.

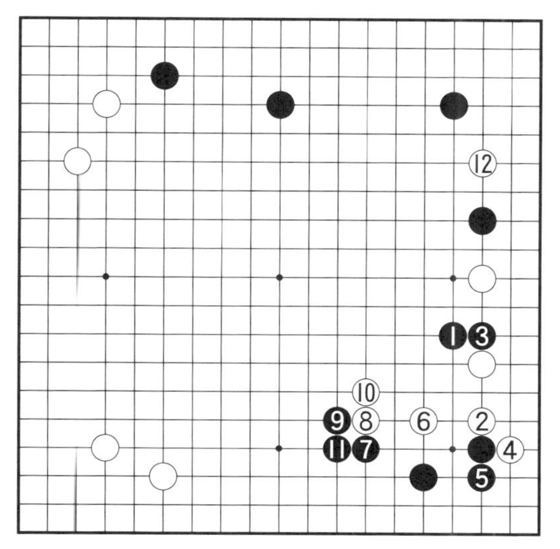

10도(백, 능동적 붙임)

흑1에는 백도 2의 붙임이 능동적이다.

흑3에 차단하면 백4 이하 10까지 모양을 갖춘 후 12로 침입해서 백이 불만 없는 국면이라 본다.

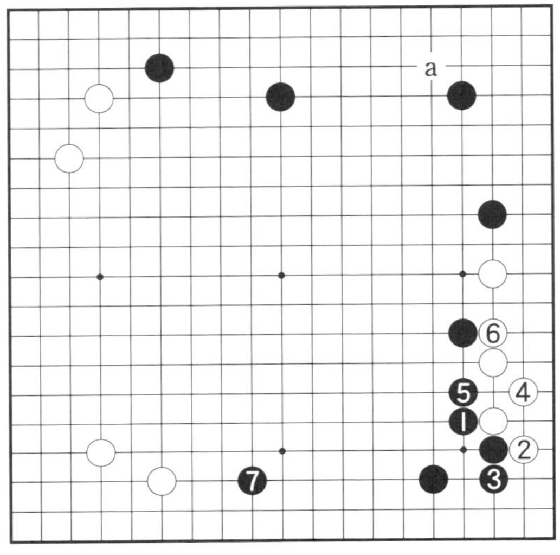

11도(무난한 타협)

앞 그림 백2로 붙일 때 흑도 1의 젖힘이 강수인데 백2의 아래 젖힘이 모양을 정리하는 맥이며 흑3, 5로 두텁게 정리한 후 7로 벌리면 AI 시각에서 무난한 타협이다.

흑7은 a의 굳힘도 요소로 본다.

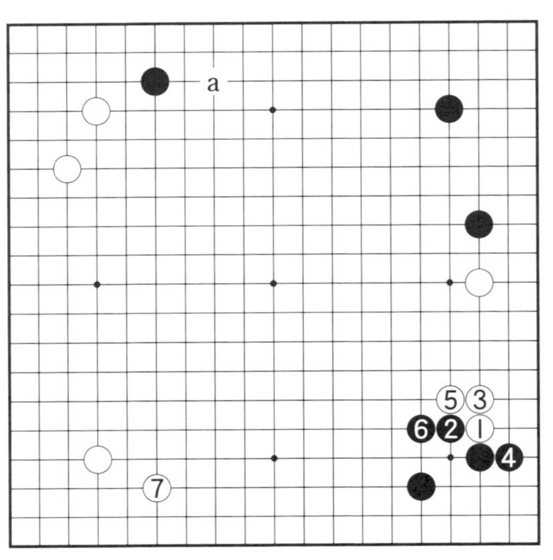

12도(대등한 국면)

거슬러 올라가 8도 흑3 때도 백1의 붙임이 AI가 권하는 능동적 수법이다.

흑2로 젖힌 후 6까지 상형인데 다음 백이 7의 굳힘이나 a의 협공이면 대등한 국면이라 본다.

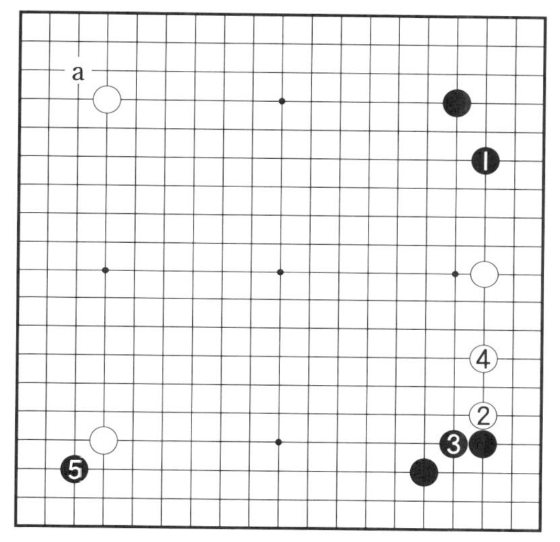

13도(견실한 굳힘)

백이 갈라친 시점에서 우변만 생각한다면 흑1의 굳힘이 AI의 견실한 추천수이다.

어차피 백2, 4면 정리되므로 실속을 중시한 것인데, 다음 흑5나 a의 침입으로 향하면 대등한 국면이라 본다.

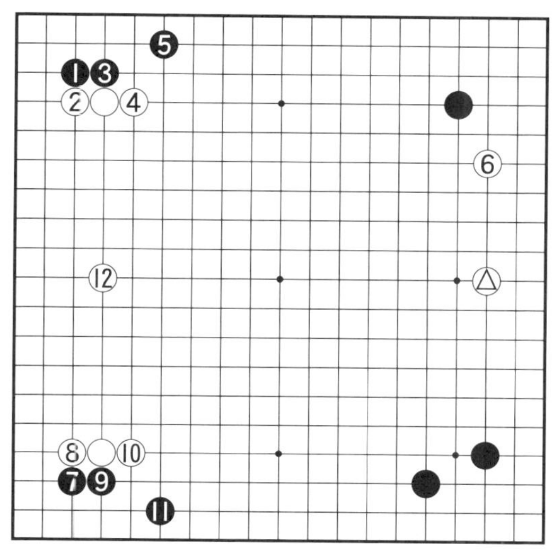

14도(AI의 효과적 전략)

백△로 갈라친 시점에서 흑1로 전환하고, 이하 백6의 걸침에도 흑7로 침입해서 12까지 좌변은 AI 포석의 흐름이다. 이런 식으로 백△의 가치를 서서히 떨어뜨리는 전략이 효과적이라 보는데 아직은 흑이 약간 편한 정도이다.

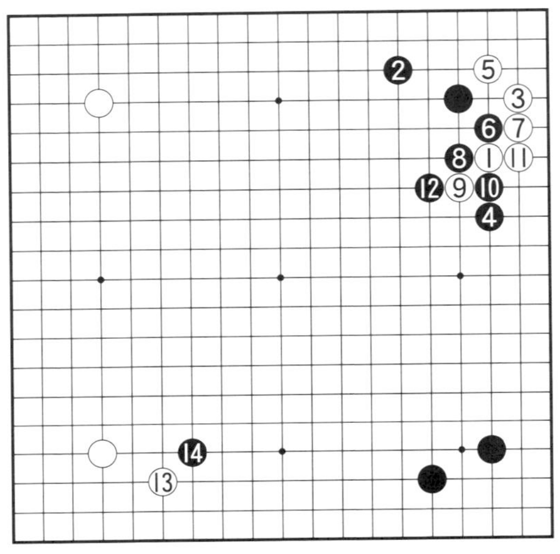

15도(흑, 활발)

백1의 안쪽 걸침도 많이 두던 수법이다. 흑2에 백3으로 달리면 흑4의 협공이 제격이다. 이하 12까지 예전 정석이지만, 흑이 두텁고 백13에도 흑14로 축머리를 방어하며 모양을 확장하면 AI 시각에서는 흑이 활발한 국면이다.

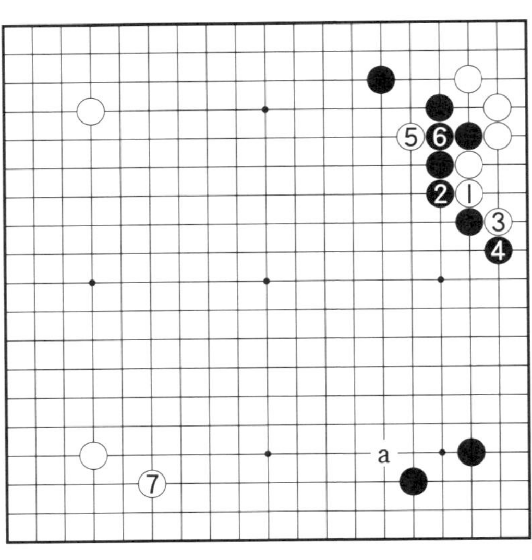

16도(실전적 감각)

앞 그림 흑8 때 백1로 자청해서 두점머리를 맞고 3, 5를 활용한 후 7의 굳힘이나 a의 어깨짚음으로 흑 모양을 견제하는 것이 AI 특유의 실전 감각이다.

이 진행이면 백도 무난하며 흑이 약간 편한 정도로 본다.

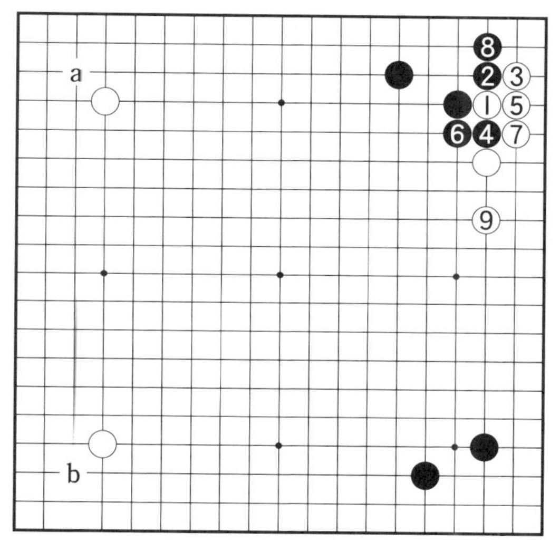

17도(능동적 정석 선택)

15도 흑2 때 백이 귀를 공략한다면 1, 3으로 AI 정석을 구사하는 것이 능동적이며 이하 흑8에 백9의 한칸으로 안정하는 것이 상황에 맞다.

　다음 흑이 a나 b의 침입으로 전환하면 거의 호각으로 본다.

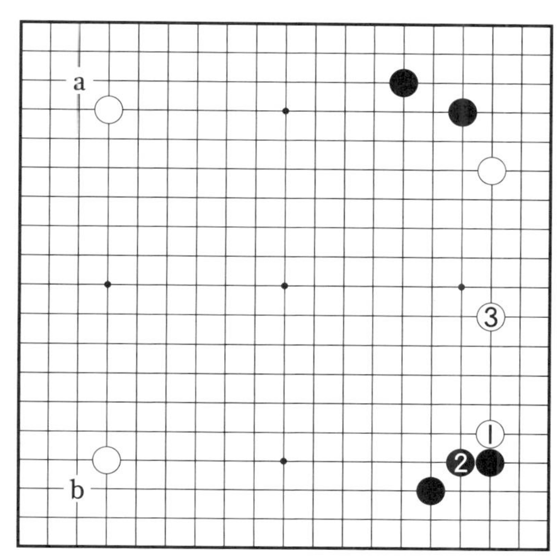

18도(대국적 안목)

우변 전체를 놓고 보면 백1의 붙임이 대국적 안목이다.

　흑2로 받으면 활용을 토대로 백3의 벌림이 우변을 다스리는 능률적 포진인데 흑도 a나 b의 침입으로 전환하면 대등한 국면이다.

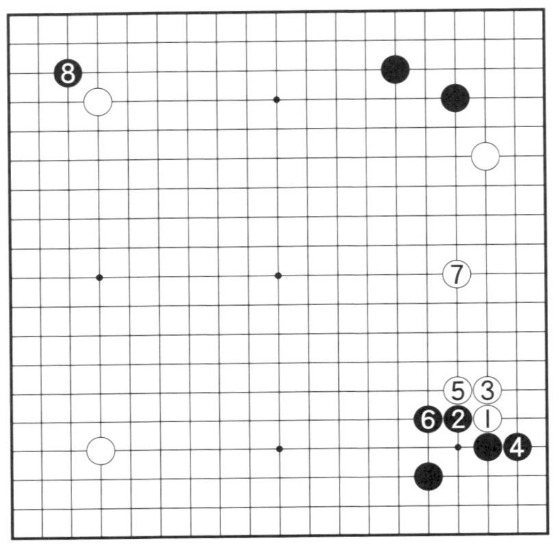

19도(우변에 모양 구축)

백1에 흑2의 젖힘이면 이하 6까지 귀가 커진 대신 백도 7로 우변에 모양을 구축할 수 있다.

다음 흑8로 전환하면 역시 대등한 국면이다.

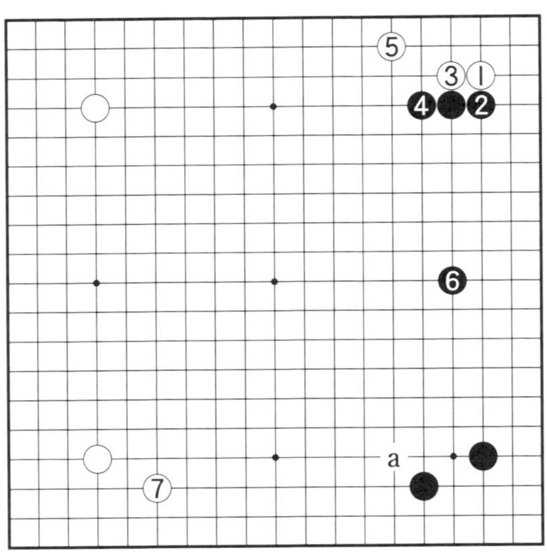

20도(AI 포석)

소목 날일자굳힘 포석에서 처음부터 백1의 3三 침입이면 가장 AI 포석에 가깝다. 이하 7까지면 무난한 변화로 형세는 거의 비슷하다.

수순 중 백7의 굳힘은 안정적이지만 a의 어깨짚음도 유력한데 이 변화는 2형에서 다룬다.

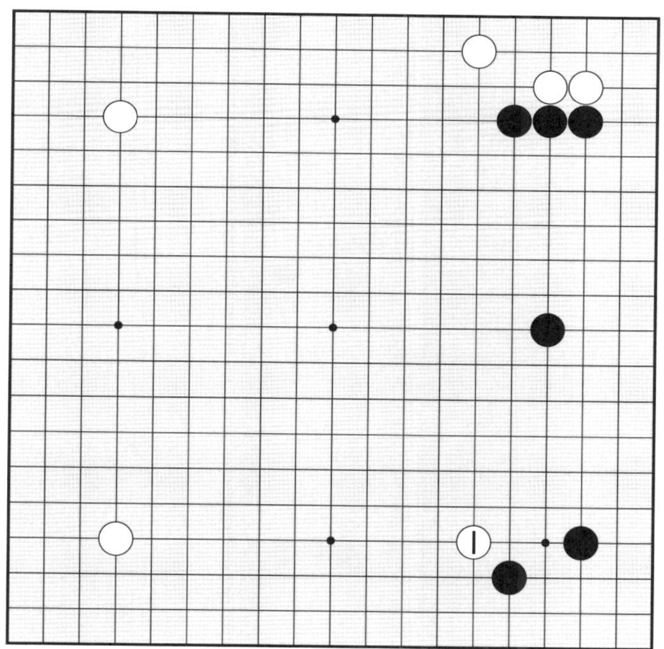

소목 날일자굳힘 포석에서 백이 3三에 침입해서 실리
를 획득했고 흑은 우변을 장악한 장면이다.
　백1의 어깨짚음은 AI가 즐겨 사용하는 수법인데 귀
에 고착된 날일자굳힘의 약점을 파고들면서 우변 세력
을 견제하려는 의도가 있다.
　여기서는 주로 이 부근에서의 공방에 대해 알아본다.

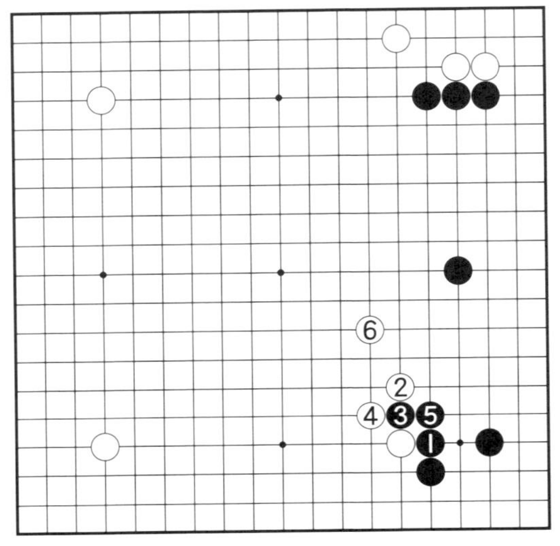

1도(백, 활발)

어깨짚음에 대해 흑1로 위에서 밀면 백2의 뜀이 보통이다.

이때 흑3, 5로 끼워 잇는 것은 백6의 날일자 지킴이 중앙을 넓게 사용하는 효율적 방법인데, AI는 백이 활발한 국면이라 본다.

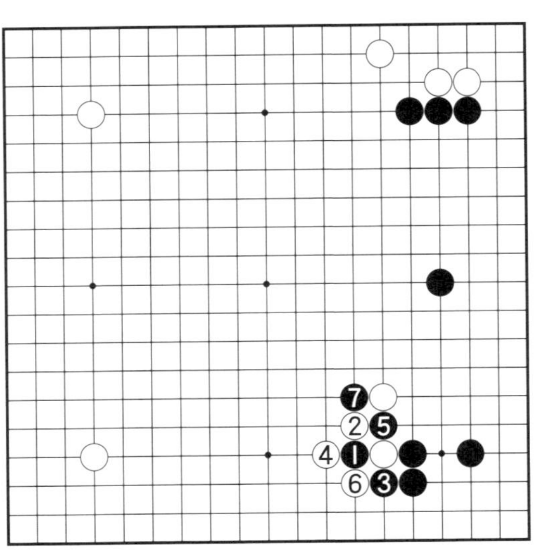

2도(백, 불만)

앞 그림 백2 때 흑1로 껴붙이면 백2, 4의 돌려침이 행마법인데 흑5에 백6의 단수는 흑7로 끊겨 백의 불만이다.

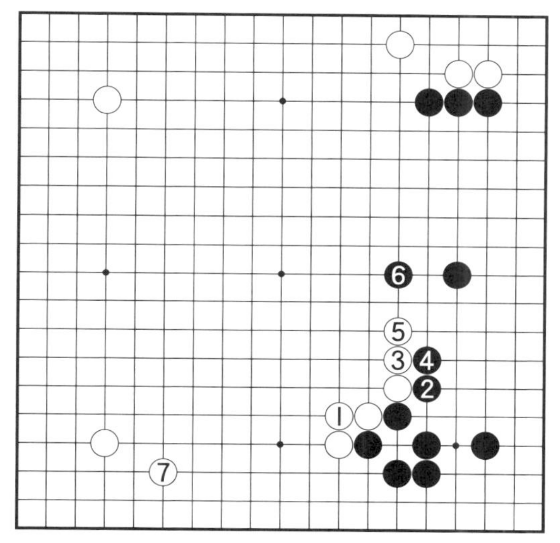

3도(안정적 이음)

앞 그림 흑5 때 백1로 하변에 가까운 중앙을 잇는 것이 안정적이다.

다음 흑2 이하 6까지 우변을 최대한 지키고 백7로 하변을 보강하면 AI는 거의 어울린 국면으로 본다.

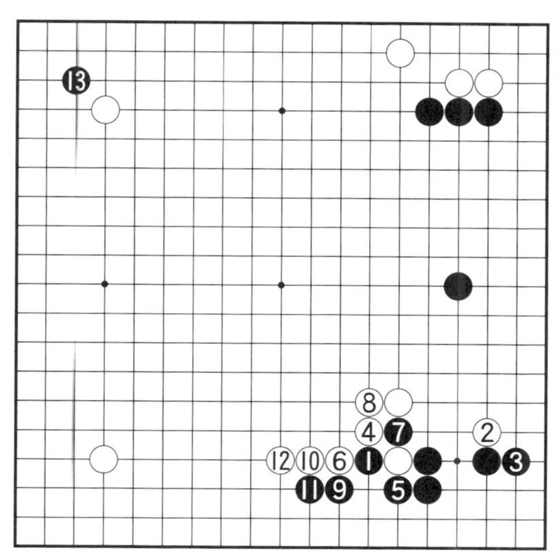

4도(시의적절한 붙임)

흑1 때 백2의 귀쪽 붙임이 시의적절하다. 흑3이면 백4, 6으로 돌려친 후 8로 우변에 가까운 중앙을 잇는 것이 상황에 어울린다.

이하 13까지 AI의 유력한 변화인데 활용이 잘된 만큼 백이 약간 활발한 국면이라 본다.

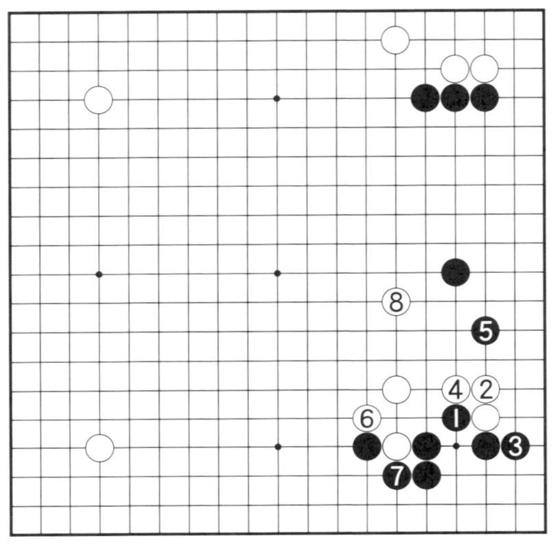

5도(백, 탄력적 정돈)

앞 그림 백2 때 흑1 이하 5까지 전체를 공격하는 것은 백이 우변을 깨며 6, 8로 중앙을 탄력 있게 정돈해서 충분한 국면으로 본다.

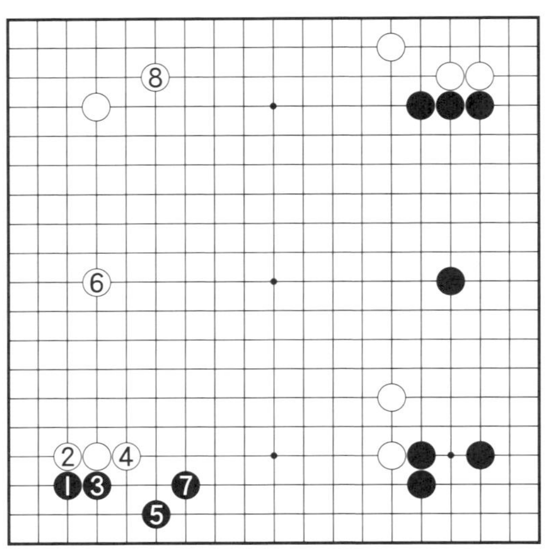

6도(대국적 발상)

이 시점에서 흑1의 침입으로 전환하는 것이 AI의 대국적 발상이다.

이하 8까지 AI 포석의 모범 사례인데 대등한 국면이라 본다.

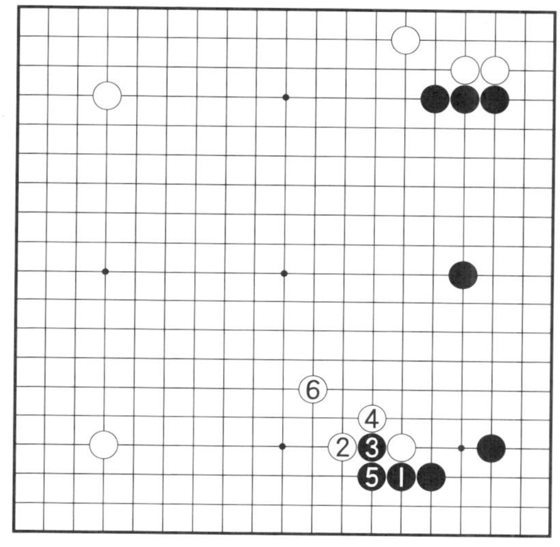

7도(백, 활발)

처음으로 돌아가서, 흑1로 변에서 밀면 역시 백2로 뛰는 것이 보통이다. 이때 흑3, 5로 끼워 이으면 백6의 지킴이 효율적이며 중앙을 넓게 사용한 백이 활발한데 1도와 같은 맥락이다.

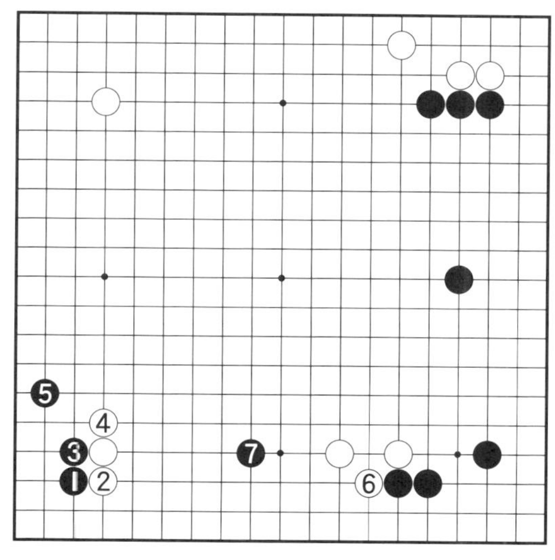

8도(어려운 싸움)

앞 그림 백2 때 흑1의 침입으로 전환하는 것이 대국적 발상인데 6도와 같은 맥락이다.

이하 7까지 AI의 유력한 변화인데 서로 어려운 싸움 양상이다.

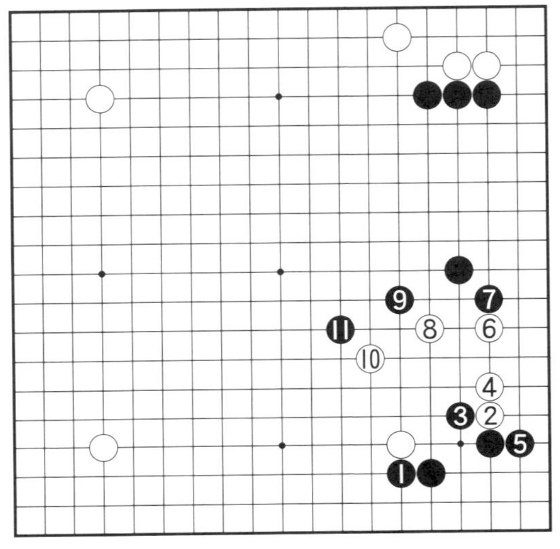

9도(흑의 맹공)

되돌아가서 흑1 때 백2로 붙여 우변을 도모하는 것도 유력한 방안이다. 흑3에 젖힐 때 백4, 6으로 근거를 갖추는 것은 모양이 빈약해서 흑7 이하 11까지 맹공을 가하면 백이 대세에 밀리며 불리한 국면이다.

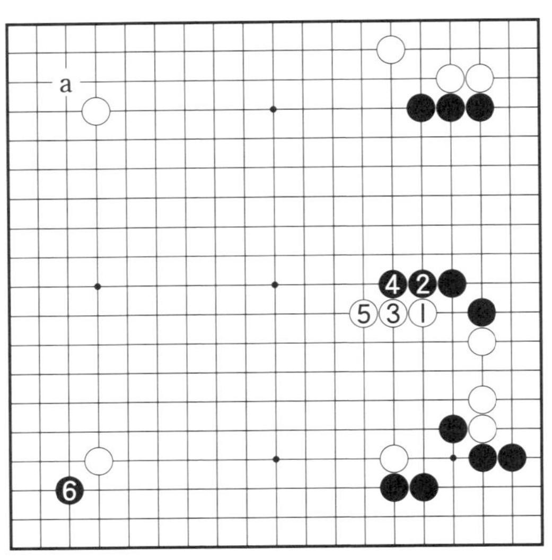

10도(날일자 진출의 경우)

앞 그림 흑7 때 백1 날일자가 능동적 진출인데 흑2, 4로 밀어서 우변 진영을 키운 후 6(또는 a)으로 전환하면 흑이 약간 활발한 국면이다.

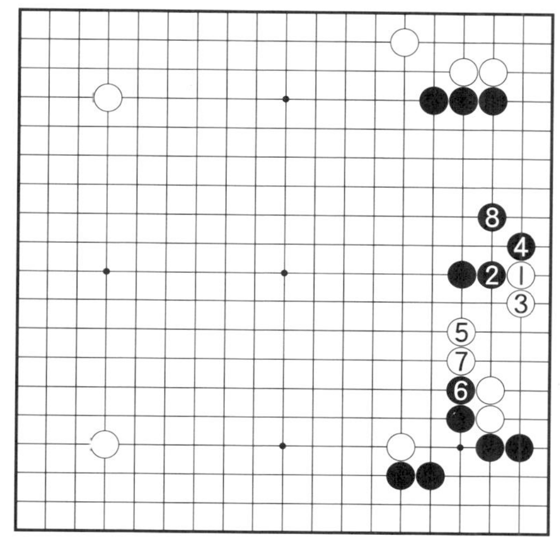

11도(백, 미생)

9도 흑5 때 백1로 낮게 진입하면 흑은 어떻게 받을까.

이때는 흑2로 치받고 8까지 정리하면 우변 백이 아직 미생인 만큼 흑이 약간 편한 국면이다.

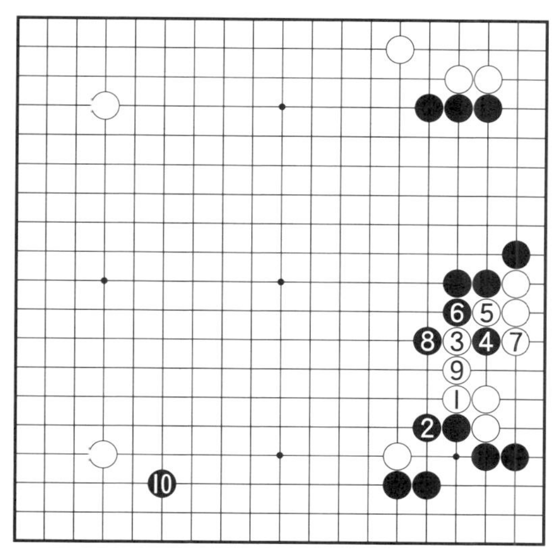

12도(흑, 활발)

앞 그림 흑4 때 백1, 3으로 견실하게 모양을 갖추면 이하 9까지 AI의 유력한 변화이다.

백이 자체로 살아있지만 흑이 중앙 봉쇄하는 맛을 노리며 10으로 넓히면 AI 시각에서 흑이 활발한 국면이다.

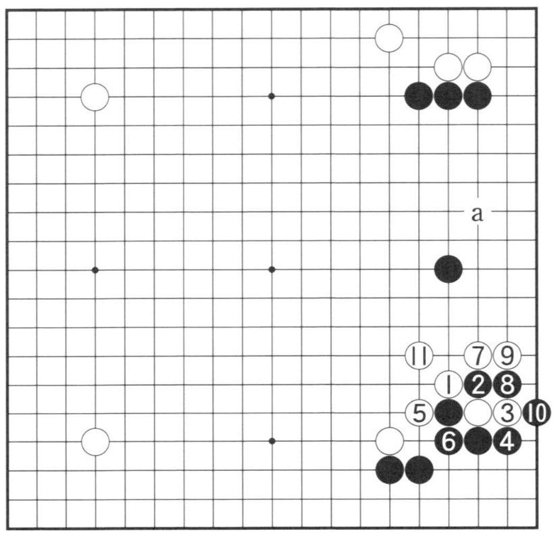

13도(흑, 소탐대실)

9도 흑3 때 백도 1의 되젖힘이 효율적 대응이다. 이때 흑2로 끊고 백3에 흑4로 몰아 두점을 잡는 것은 소탐대실이다. 백이 11까지 우변에 벽을 만들고 a의 침입도 노릴 수 있으니 백의 만족이다.

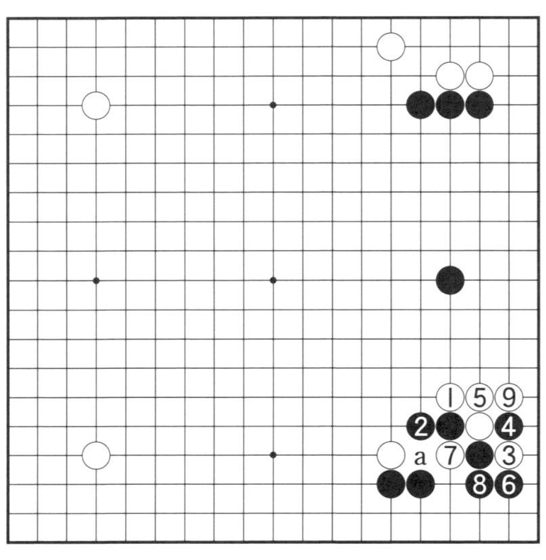

14도(백, 유리)

백1에 흑2로 늘면 백3의 이단젖힘이 귀의 급소이다. 이때 흑4, 6으로 한점을 잡으면 백7, 9 다음 a로 나가는 맛도 남아 백이 유리한 흐름이다.

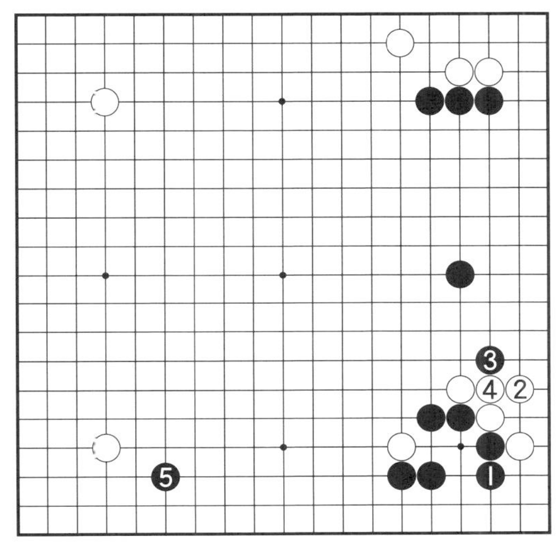

15도(귀의 실리 손실)

앞 그림 백3 때 흑1로 물러서는 것이 순리이지만 백2로 틀을 잡으면 귀쪽 실리의 손실이 아프다. 흑3, 5로 한껏 기분을 내도 백이 약간 편한 국면이다.

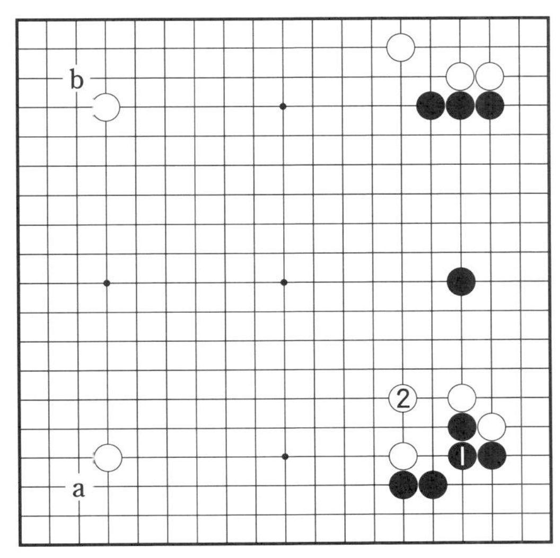

16도(차선책)

백이 되젖힐 때 흑도 귀를 온전하게 지키자면 1의 이음이 상대의 여러 활용을 원천 차단하는 대응이다.

백2로 틀을 잡으면 흑a나 b의 침입으로 전환하는 것이 AI의 차선책인데 그래도 국면은 백이 약간 활발하다.

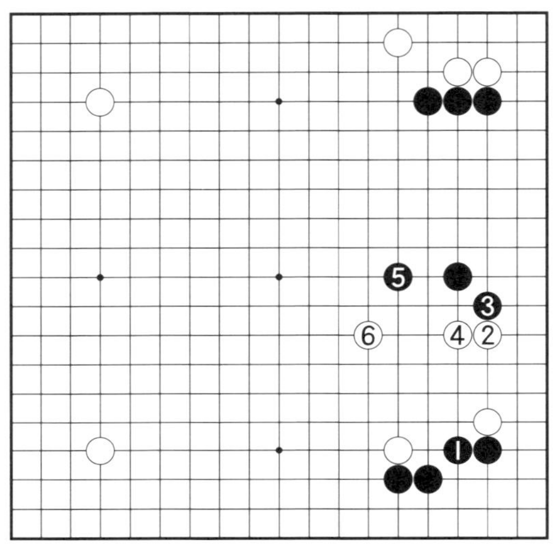

17도(안정적 대응)

거슬러 올라가 9도 백2
때 흑1로 제자리에서 가
만히 지키는 것이 가장
안정적 대응이다.

　이하 6까지 AI 시각
에서 흑이 앞서지는 않
지만 거의 무난한 타협
이다.

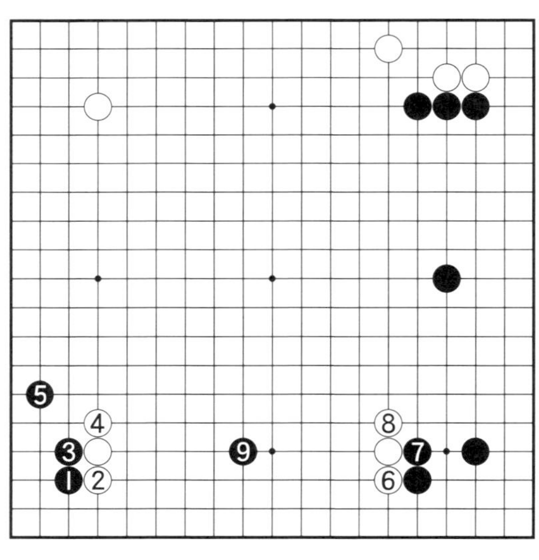

18도(AI 포석)

실은 처음부터 흑1로 침
입하는 것이 AI 포석에
걸맞다.

　이하 9까지 유력한
변화인데 앞으로 전운이
감돌지만 지금은 우열을
가릴 수 없다.

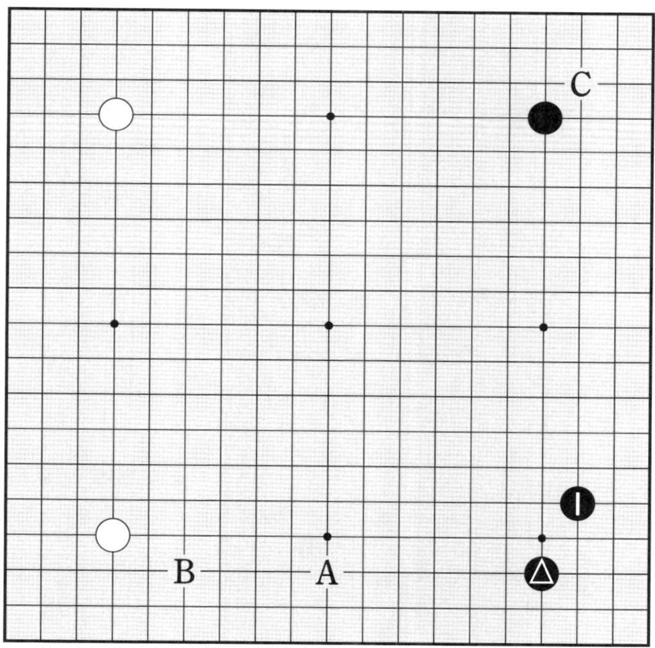

　이번에는 흑▲에서 1의 날일자굳힘. 특히 흑 소목은 내편을 향하고 있기에 편의상 '내향 소목'이라 부르기로 한다. 이 굳힘은 우변에 한정된 자세로 보여도 실은 하변의 발전성을 기대한다. 예전 백은 A의 벌림과 B의 굳힘을 많이 두었지만 AI시대에는 C의 침입이 우선인데, 이들을 주안점으로 이후 포석 변화에 대해 알아본다.

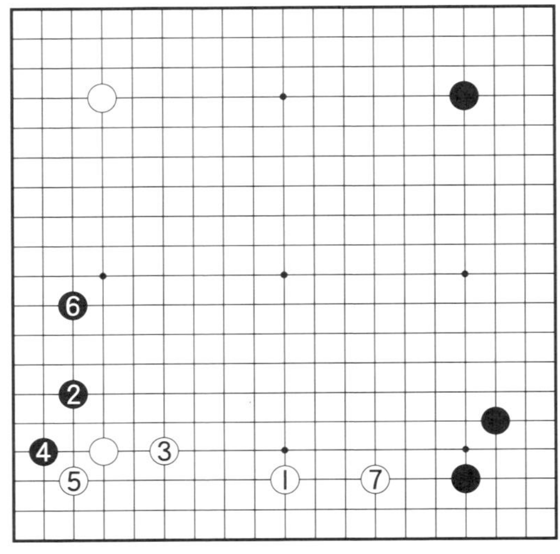

1도(벌림 이후)

초기에는 날일자굳힘의 발전을 견제한다는 뜻에서 백1의 벌림을 많이 두었고 흑2로 걸친 후 7까지 보편적인 진행이었다. AI 시각에서는 흑이 불만 없는 결과로 본다.

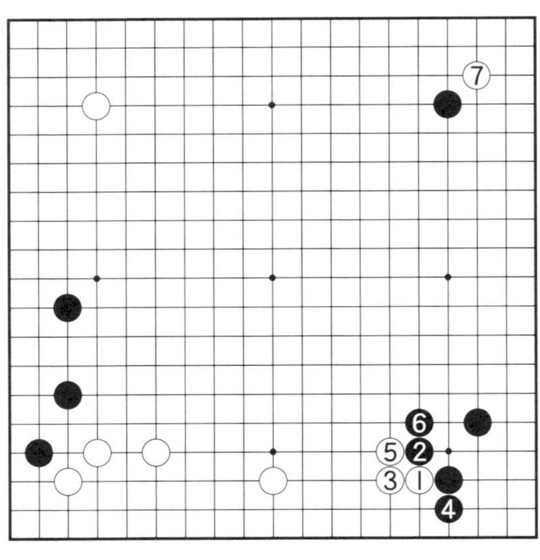

2도(능동적 붙임)

앞 그림 흑6 때 AI의 시각은 백1의 붙임이 능동적이다. 이하 6까지 결정된 다음 백7의 침입으로 전환하면 백도 충분하며 거의 비슷한 국면이라 본다.

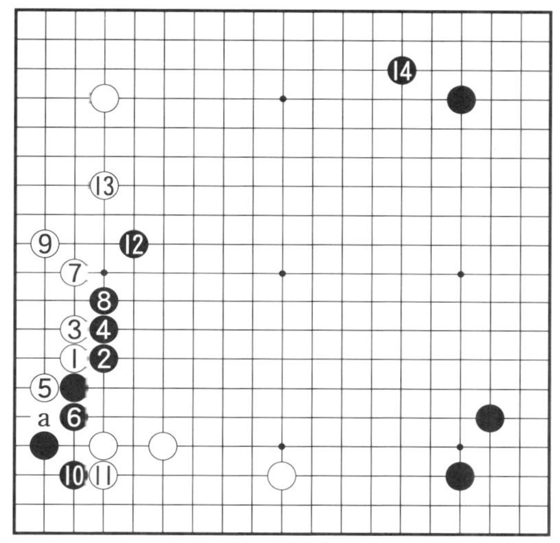

3도(백, 옆구리붙임)

1도 흑4 때 백이 좌변을 중시하는 경우 1의 옆구리붙임도 많이 두었다.

흑2, 4로 눌러간 후 11까지 익히 알려진 변화인데, AI의 시각은 다음 흑이 a로 보강하지 말고 12, 14로 넓게 국면을 전환하면 백이 약간 편한 정도로 본다.

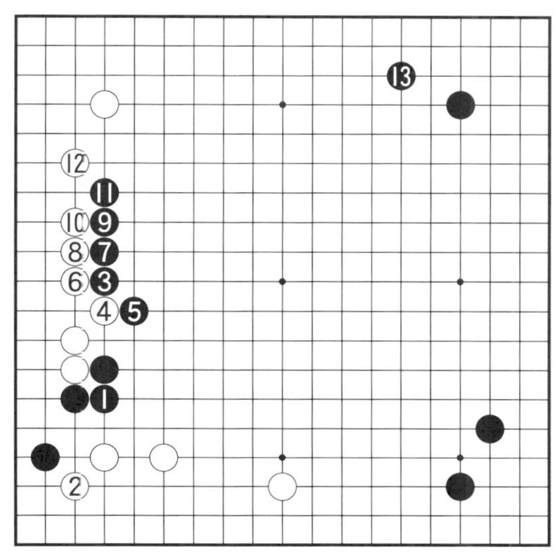

4도(두터운 이음)

앞 그림 백3 때 AI의 시각은 흑1의 이음이 두터운 착상이다.

백2에 흑3으로 씌운 후 12까지 알기 쉬운 변화인데, 다음 흑13으로 굳히면 서로 어울린 국면이라 본다.

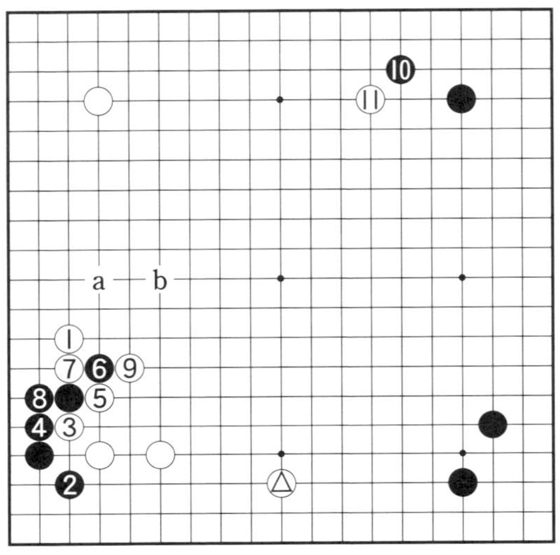

5도(협공의 경우)

1도 흑4 때 백1의 협공이면 이하 11까지 백이 원하는 진행이 돼도 AI 관점에서 거의 비슷한 형세로 보는데 백△의 역할이 약해졌기 때문이다. 백11의 어깨짚음은 멀리서 축머리도 겸하는데 가까이서 둔다면 a나 b도 가능하다.

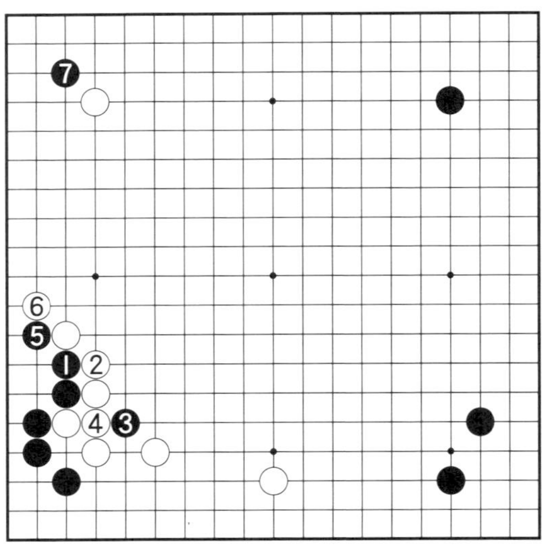

6도(속력 행마)

앞 그림 백5 때 흑1로 나가 5까지 결정한 후 7로 전환하는 것이 AI 특유의 속력 행마인데, 이 진행이면 흑이 약간 활발한 국면이라 본다.

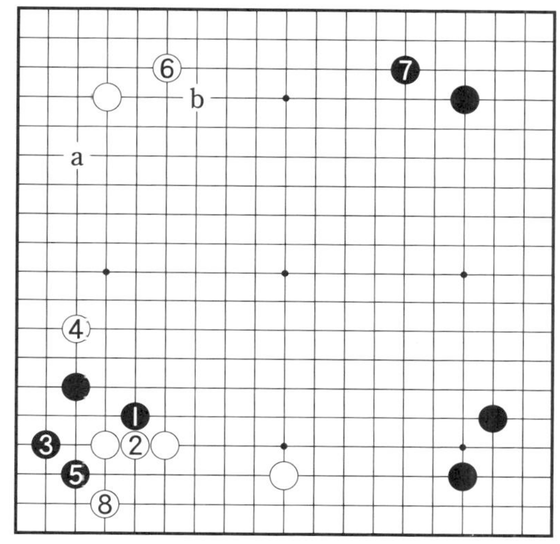

7도(AI식 능률 행마)

흑1, 3도 AI식 능률 행마. 백4의 협공이면 흑5의 진입이 우선이다.

다음 AI의 안목은 굳힘을 주고받고 나서 백8이 큰 자리이며 흑의 다음수로 a의 걸침과 b의 어깨짚음을 추천하는데, 어디에 두든 흑이 불만 없는 국면이라 본다.

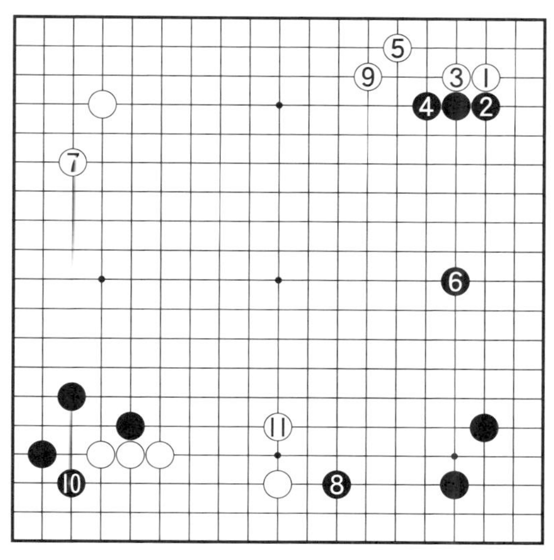

8도(대국적 태도)

이 시점에서 백1의 침입으로 전환하는 것이 가장 대국적 태도이다.

이후 11까지는 AI가 보여주는 모범 변화인데 국면은 호각이다.

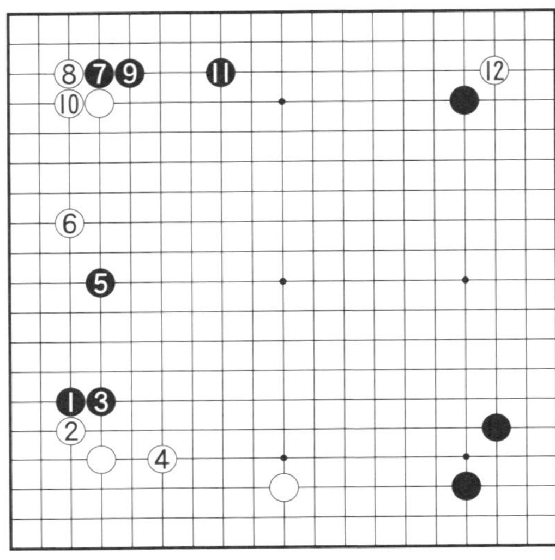

9도(백의 일책)

거슬러 올라가 흑1로 걸칠 때 백2, 4로 강하게 받고 흑5의 벌림에 백6의 다가섬도 일책이다. 이하 12까지 AI의 유력한 변화인데 형세는 거의 비슷하지만 백의 능동적 행마가 돋보인다.

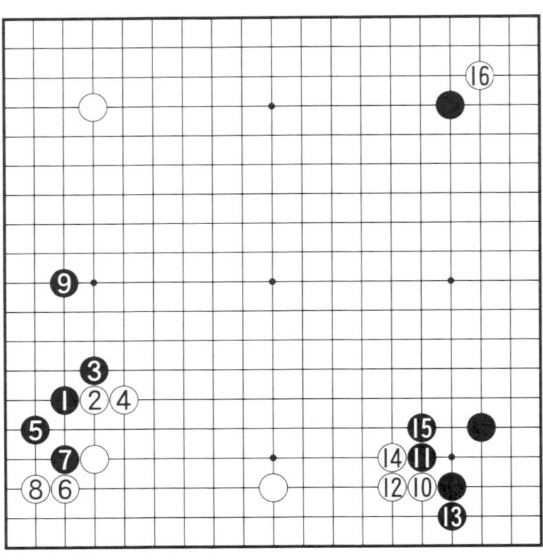

10도(유력한 위붙임)

흑1에 백2의 위붙임도 AI의 유력한 방안이다. 이하 9까지 무난한 변화인데 백이 10으로 붙여 14까지 하변을 정리한 후 16의 침입으로 전환하면 백이 약간 주도하는 국면으로 본다.

수순 중 흑7은 모양의 급소로 활용해둔 것.

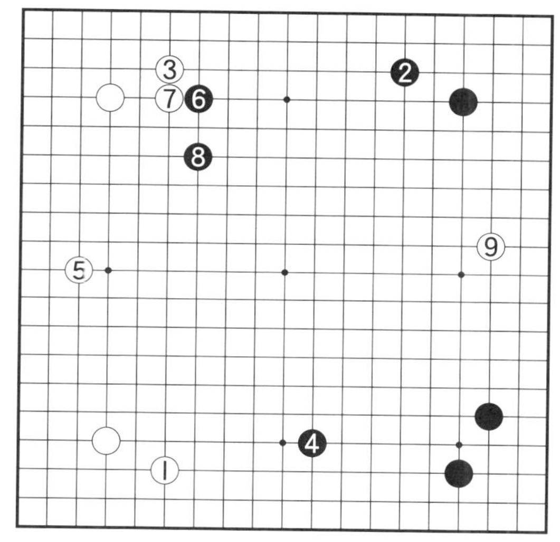

11도(발전된 수법)

처음으로 돌아가서 백1의 굳힘은 귀를 지키면서 변도 제어하는 발전된 수법이다.

이하 9까지는 AI의 무난한 변화인데 서로 큰 자리를 차지해가며 어울린 국면이다.

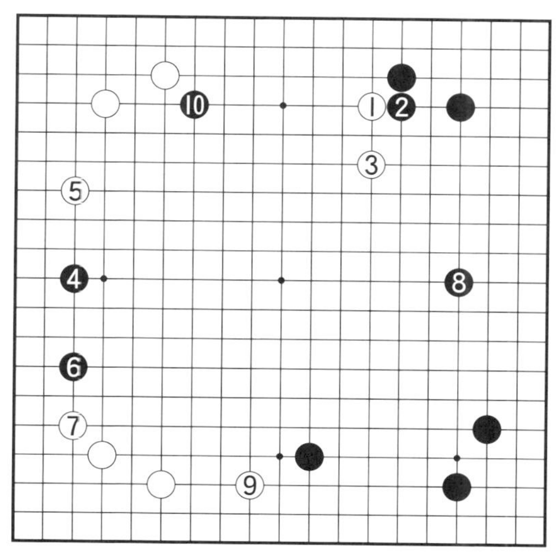

12도(어깨짚음으로 대항)

앞 그림 흑4 때 백1, 3으로 먼저 상변을 주도하면 좌변 흑4로 갈라친 후 10까지도 AI의 유력한 변화인데 서로 대등한 국면이다. 흑10은 은근히 커가는 백 진영을 삭감하는 요소인데 서로 어깨짚음으로 대항하는 모습이다.

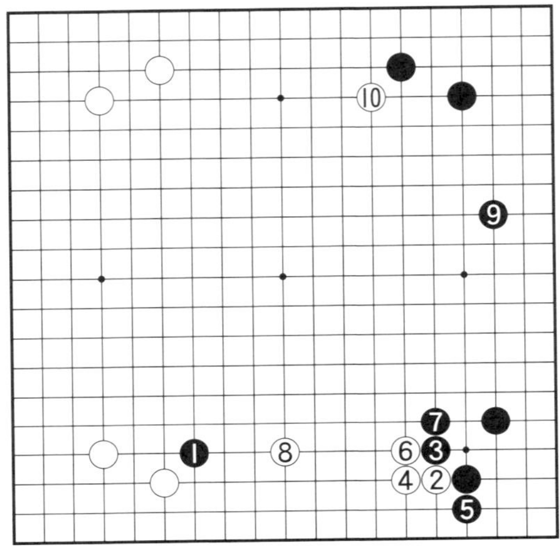

13도(기습 붙임)

11도 백3 때 하변 흑1로 크게 넓히면 백2의 기습 붙임으로 8까지 차단해서 싸우는 것이 효과적 대응이다. 다음 AI는 흑9의 묘한 자리로 우변을 다스리면 백10으로 견제해서 어울린 국면이라 본다.

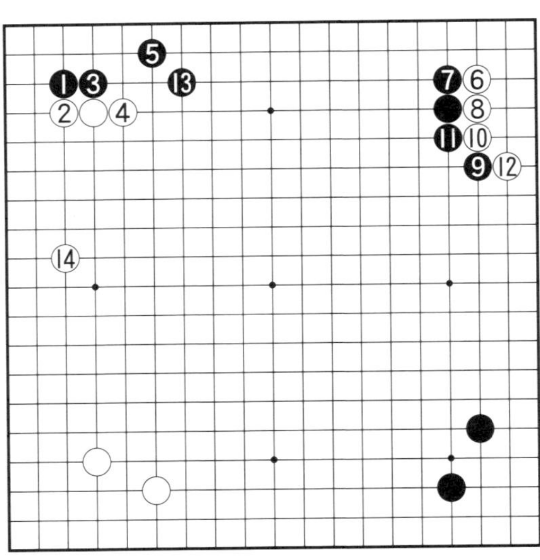

14도(AI의 모범 변화)

좌하귀 백이 굳힌 시점에서 AI의 일순위 추천은 흑1의 3三침입이다. 이하 흑5 때 백도 6으로 침입해서 맞장구를 치면 이하 14까지 모범 변화인데 서로 구역을 적절히 분배해서 호각이다.

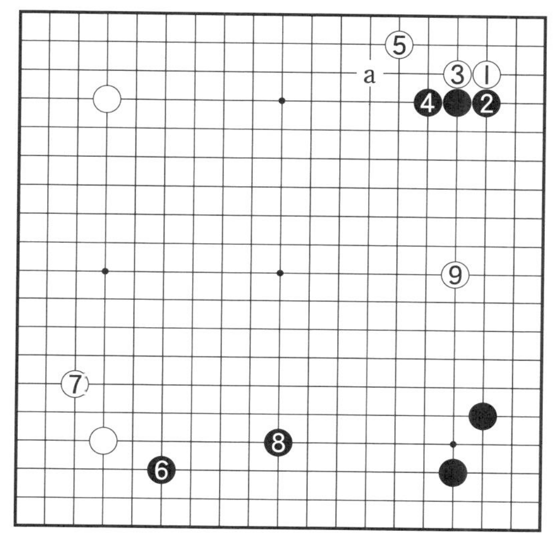

15도(처음부터 3三침입)

되돌아가서 AI시대에는 처음부터 백1의 3三침입이 낯설지 않다.

이하 백5 때 흑6, 8로 하변에 진영을 구축해도 백9로 우변을 갈라치면 AI의 시각은 백이 불만 없다. 백9는 a로 모양부터 갖춰도 무난하다.

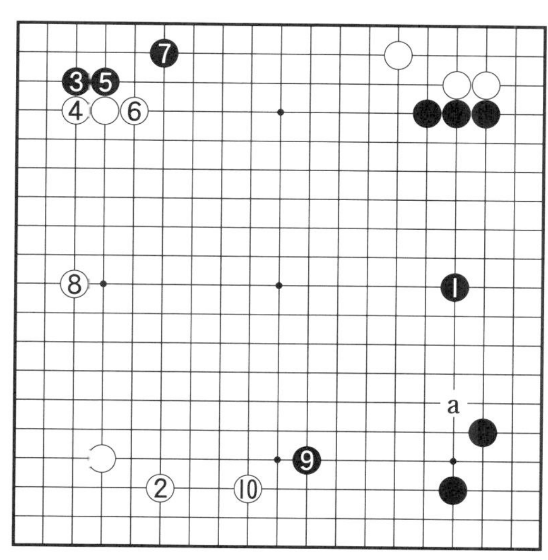

16도(흑, 우변 중시)

앞 그림 백5 때 흑1로 우변을 중시하면 백2의 굳힘이 제격이다. 흑3에 침입한 후 10까지 무난한 변화인데 형세는 호각이다. 참고로 AI의 시각은 흑세를 주시하는데, 백이 10으로 a의 삭감이면 약간은 능동적으로 본다.

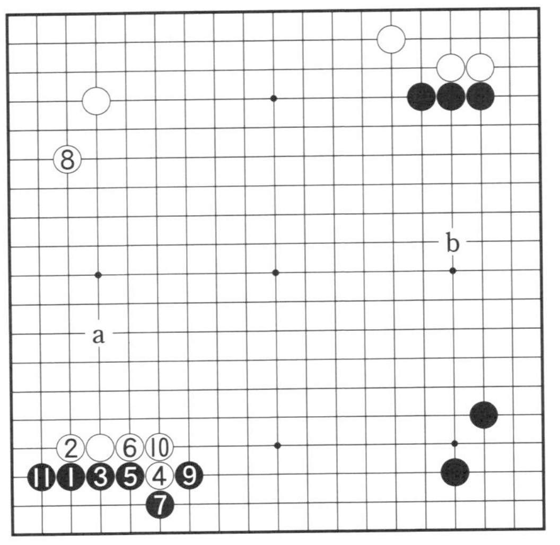

17도(백, 좌변 쪽 막음)
15도 백5 때 흑1의 침입
도 AI의 일순위 추천이
며 백은 어느 쪽을 막든
가치가 비슷하다.

백2로 좌변 쪽을 막
는 경우 이하 11까지 유
력한 변화이며 거의 호
각이다. 다음 백은 a로
벌리거나 b로 갈라치는
것이 큰 자리이다.

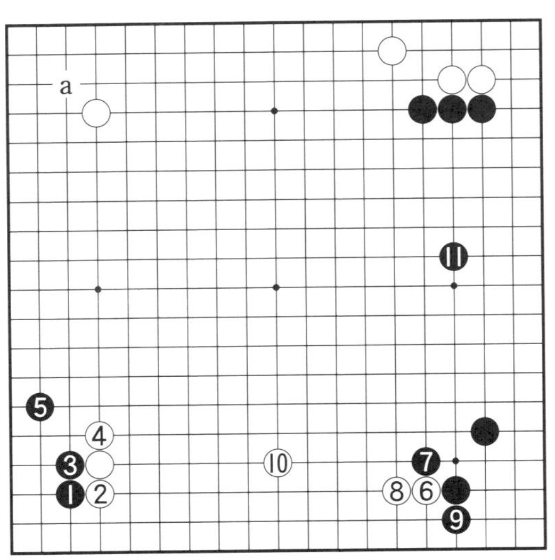

18도(백, 하변 쪽 막음)
흑1에 백2로 하변 쪽을
막는 경우 흑5 때 백6에
붙인 후 10까지 벌리는
것이 유력한 모양 구축
법이다.

다음 흑이 11로 우변
을 지키거나 a의 침입으
로 전환하면 대등한 국
면이다.

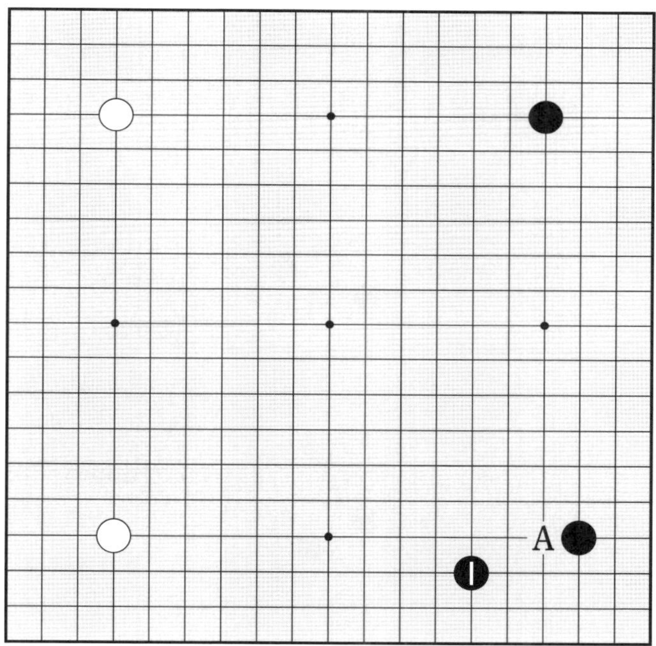

　이번에는 화점·소목 포석에서 흑1의 눈목자굳힘을 배경으로 한다. 날일자굳힘에 비해 귀가 엷지만 변에서 상대의 활용을 방어하는 데 효과가 있어 AI도 즐겨 사용한다. 백도 A의 붙임이 귀의 활용법으로 사용되는데 여기서는 주로 이 수법을 둘러싼 공방과 포석 변화에 대해 알아본다.

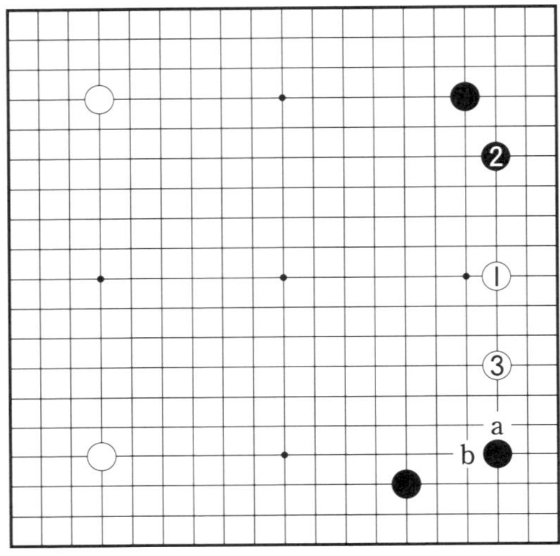

1도(갈라치는 경우)

우선 백1로 갈라치고 3
의 벌림이면 무난한데
AI 시각에서 백점은 아
니다. 백이 주도적으로
두겠다고 3으로 a에 붙
이는 것도 눈목자굳힘에
서는 활용이 아니라 흑b
로 귀가 더욱 견실해진
다. 이 진행이면 흑이 불
만 없다.

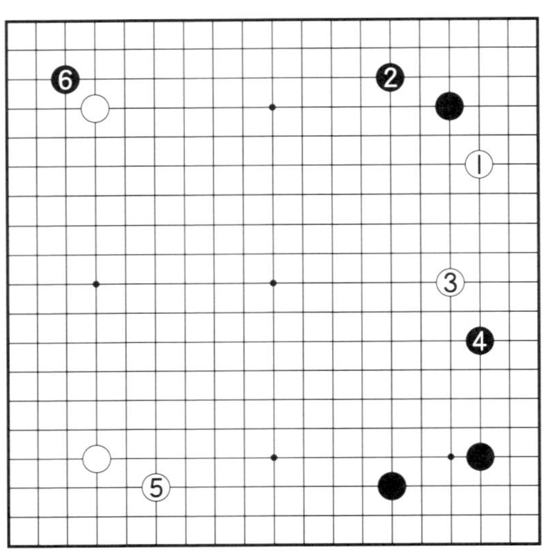

2도(발전된 수법)

백1, 3으로 걸치고 벌리
는 것이 발전된 수법이
다. 흑4로 다가서면 백5
로 굳히고 흑6으로 침입
하며 서로 큰 자리를 주
고받는데 일단 어울린
국면이다.

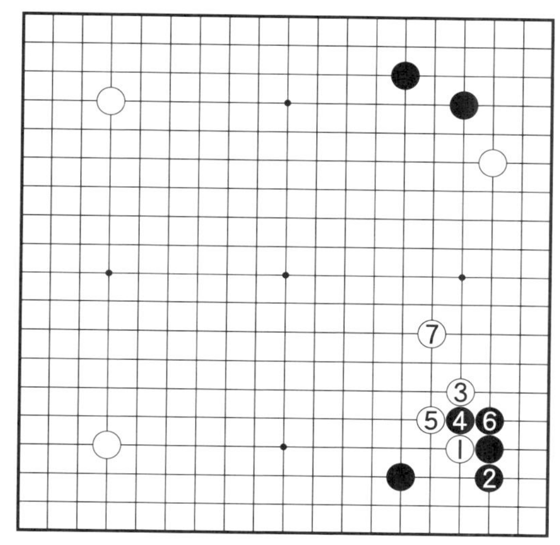

3도(주도적 활용법)

앞 그림 흑2 때 눈목자 굳힘의 엷음을 파고들며 백1로 붙이는 것이 AI 특유의 주도적 활용법이다. 흑2로 물러서는 경우 백3에 뛴 후 7까지 정리되면 중앙에 모양이 형성된 백이 약간 활발하다.

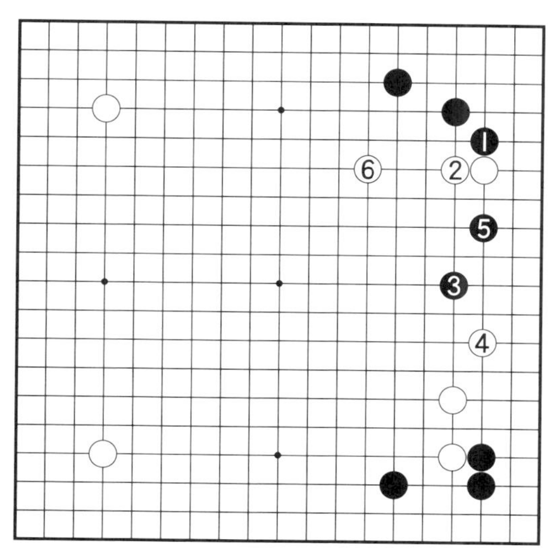

4도(선제 공격하면?)

앞 그림 백3 때 흑1, 3으로 우변에서 갈라치며 선제공격하면 백은 4, 6으로 부드럽게 진출해서 충분하다.

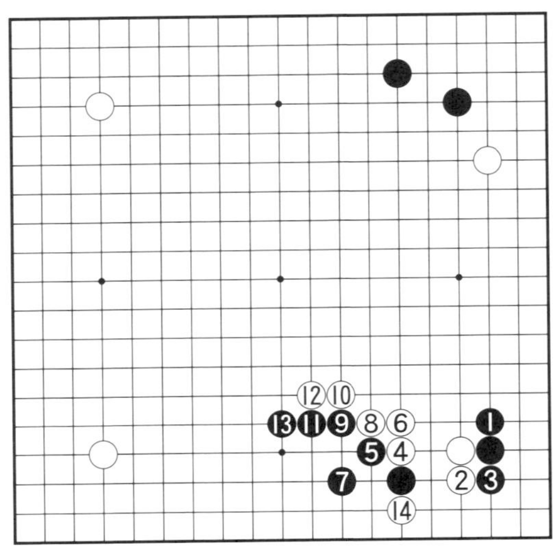

5도(노련한 대응법)

백이 귀에 붙일 때 흑1로 변쪽에 늘면 백2로 귀에 진입한 후 12까지 밀어놓고 14로 뿌리를 공략하는 것이 노련한 대응법이다.

이 진행이면 AI 시각에서 백이 약간 활발한 국면이다.

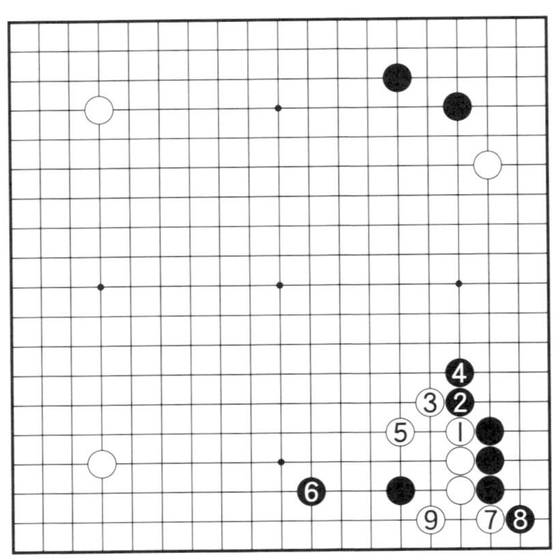

6도(견실한 호구)

앞 그림 흑3 때 백은 1 이하 5의 호구도 견실한 수단이다.

흑6에 벌릴 때 백7, 9로 탄력을 주면서 양쪽 흑진을 제어하면 역시 백이 약간 활발한 국면으로 본다.

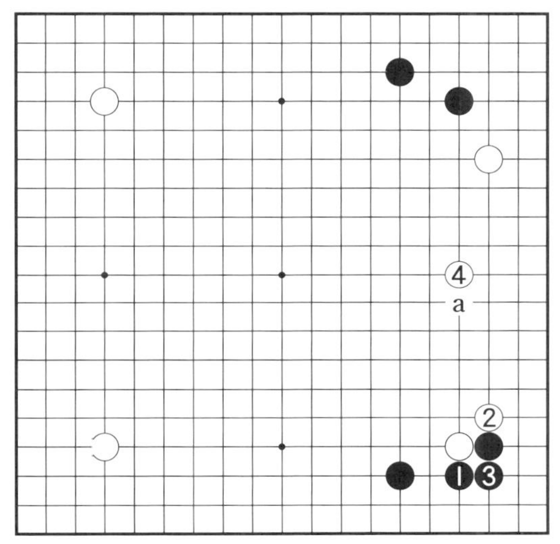

7도(제자리걸음)

되돌아가서 백의 활용에 흑이 무난하게 받는다면 1의 젖힘이 확실한데 백2에 흑3으로 잇는 것은 제자리걸음이다. 백4나 a로 벌리면 우변 백 모양이 활발하다.

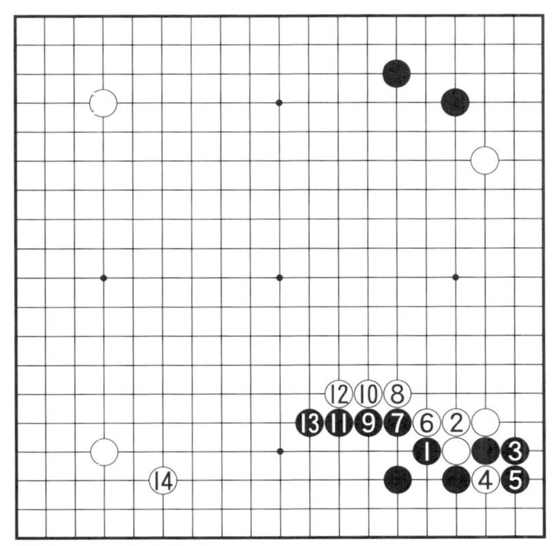

8도(효과적 대응)

앞 그림 백2 때 흑1로 단수쳐서 상대를 무겁게 하고 3으로 지키는 것이 가장 효과적 대응이다.

백은 4로 끊어 응수를 묻는데 흑5로 잡으면 백6 이하 12까지 밀어놓고 14의 굳힘으로 흑세를 견제해서 백도 충분하다.

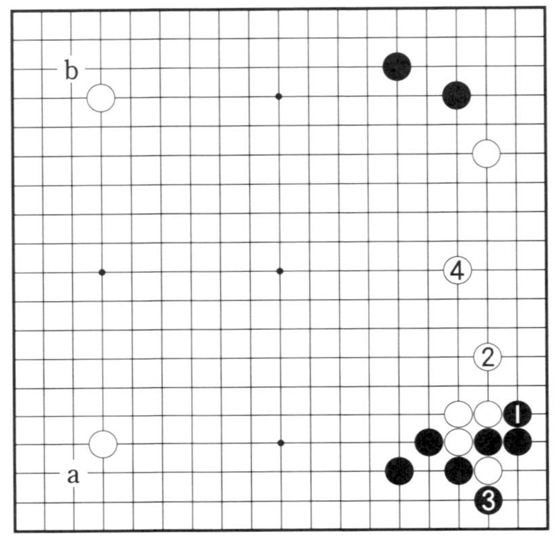

9도(간명한 대응)

앞 그림 백4 때 흑1의 꼬부림을 선수해두고 3으로 잡는 것도 간명한 대응이다.

백4로 우변에 모양을 갖추면 흑a나 b로 침입하는 흐름이 보편적인데 서로 어울린 국면이다.

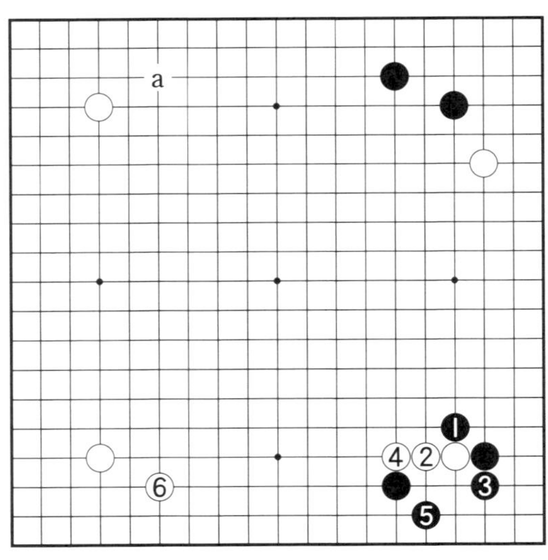

10도(흑, 변쪽 젖힘)

되돌아가서 백의 활용에 흑1의 변쪽 젖힘이 가장 능동적이다.

이때 백이 2, 4로 나가서 활용한 다음 6(또는 a)의 굳힘으로 전환하면 AI 시각에서 백이 무거운 면도 있는 만큼 흑이 약간 편한 진행으로 본다.

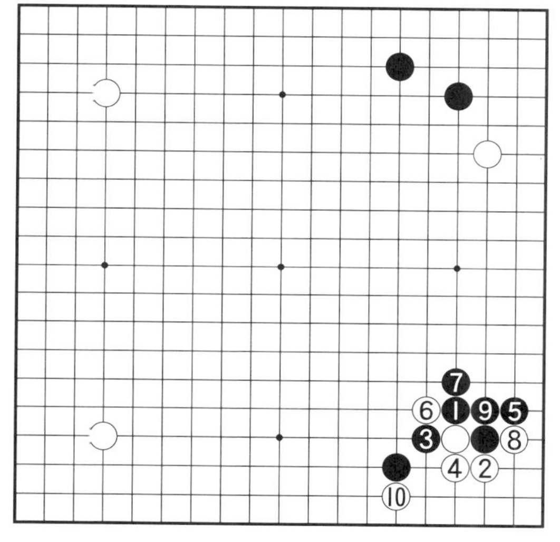

11도(백, 귀쪽 젖힘)

흑1에는 백2로 귀쪽 젖힘이 유력한 강수이다.

이때 흑3, 5로 봉쇄하는 것은 백6에 끊고 나면 흑이 어떻게 대응해도 불리하다. 가령 흑7로 늘면 백8, 10으로 귀를 타개해서 백이 아주 순조로운 진행이다.

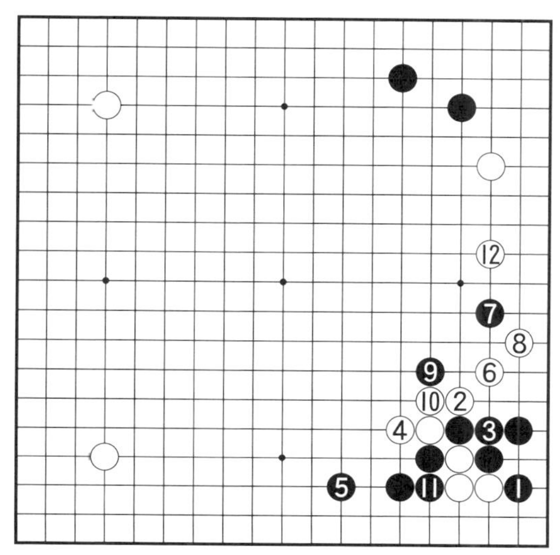

12도(중앙 활용)

앞 그림 백6 때 흑1로 귀를 공략하고 싶은데 백은 2 이하 6까지 중앙에서 활용하며 변에 정착하는 흐름이 좋다. 흑은 7, 9의 활용 후 11의 가일수가 필요한데 백이 귀의 조이는 맛을 남기며 12로 우변을 주도해서 약간 활발하다.

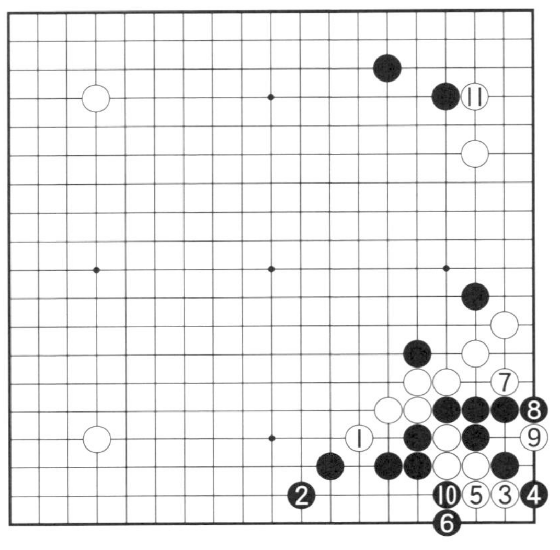

13도(국면의 발전성)

앞 그림 흑11 때 정교한 AI 시각에서 백1 이하 9까지 마저 활용해놓고 11로 향하며 국면의 발전성을 높이면 백이 확실히 유리하다고 본다.

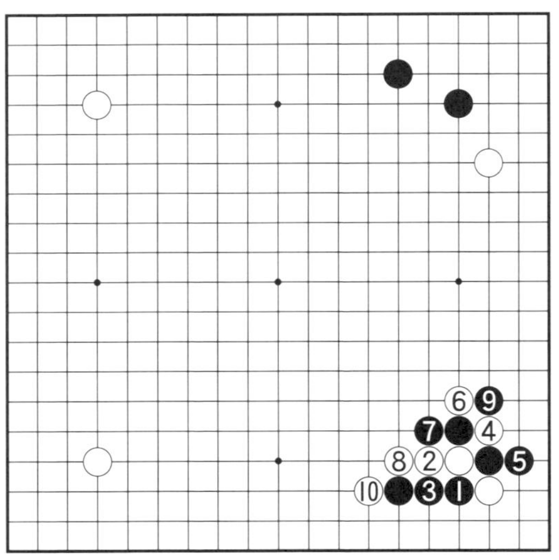

14도(효과적 정리)

11도 백2 때 흑1, 3으로 한쪽을 차단한 후 10까지의 수순을 기억해둔다. 이 진행이 모양을 정리해가는 가장 효과적인 공방으로 실전에도 많이 등장한다.

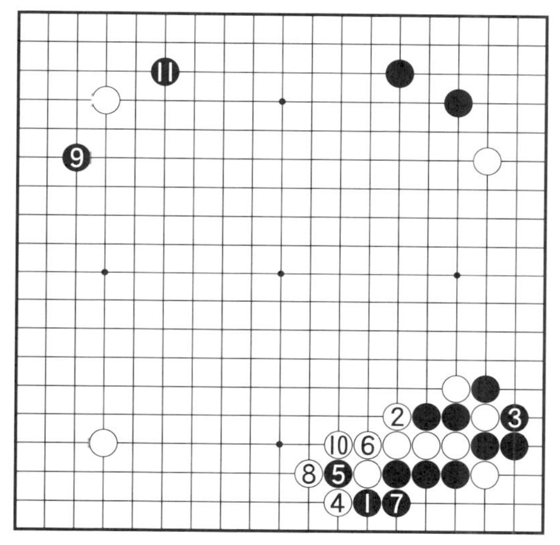

15도(무난한 변화)

이다음 흑1에 백2를 선수하고 4의 이단젖힘이 행마법이며 이하 백8 때 흑9의 걸침은 축머리를 겸한다. 백10으로 잡고 흑11의 양걸침이면 무난한 변화이며 백이 약간 편한 정도이다. 수순 중 백2에 흑3으로 잡는 것이 보통인데~

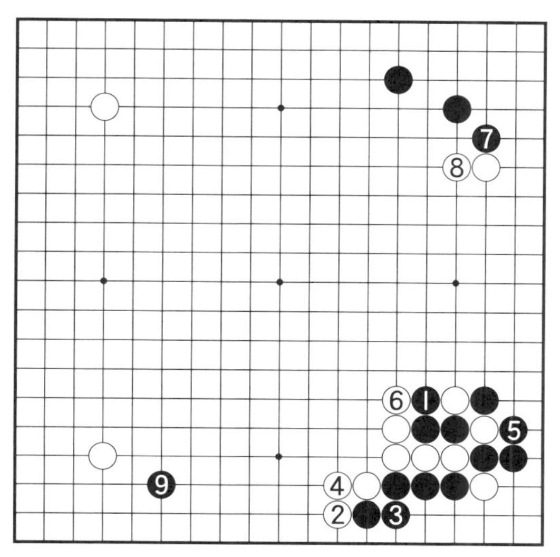

16도(흑, 두터운 선택)

AI 시각에서는 흑1로 나가는 것도 두터운 선택이다. 백2에는 단순히 흑3으로 이은 후 5의 보강은 절대이다.

백6은 중앙 요소인데 흑7을 활용한 후 9로 걸치면 역시 백이 약간 편한 정도로 판단한다.

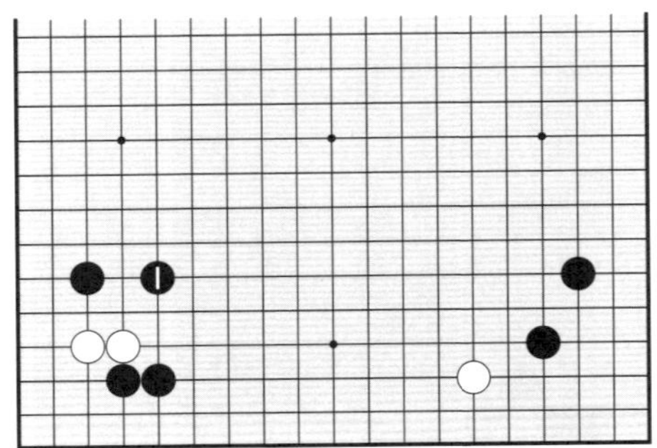

▦ 장면

이 장면에서 흑1로 뛰어 포위하면 백은 어떻게 대응할지 생각해보자.

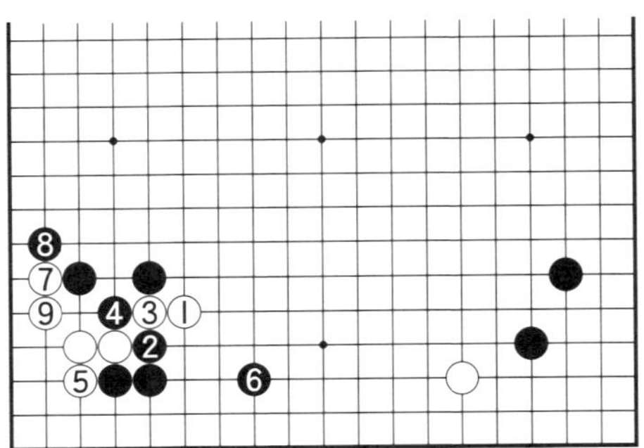

1도(흑, 불리)

일단 백1로 나간다. 흑2, 4로 변쪽에서 끊으면 백5 이하 9까지 귀에서 한껏 삶을 허용하고 좌변에 약점도 남은 흑이 불리한 진행이다.

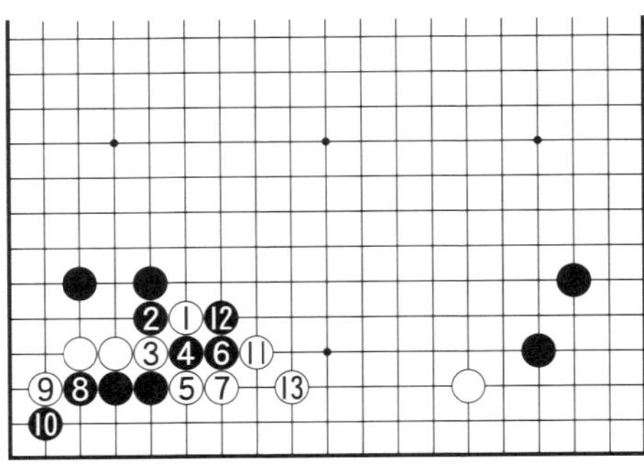

2도(백, 유리)

백1에 흑2, 4로 중앙 쪽에서 끊으면 백은 5, 7로 나간 후 13까지 하변에 모양을 갖추는 것이 효율적 정리이다.

이 진행은 귀에 맛도 남아 있는 백이 역시 유리하다.

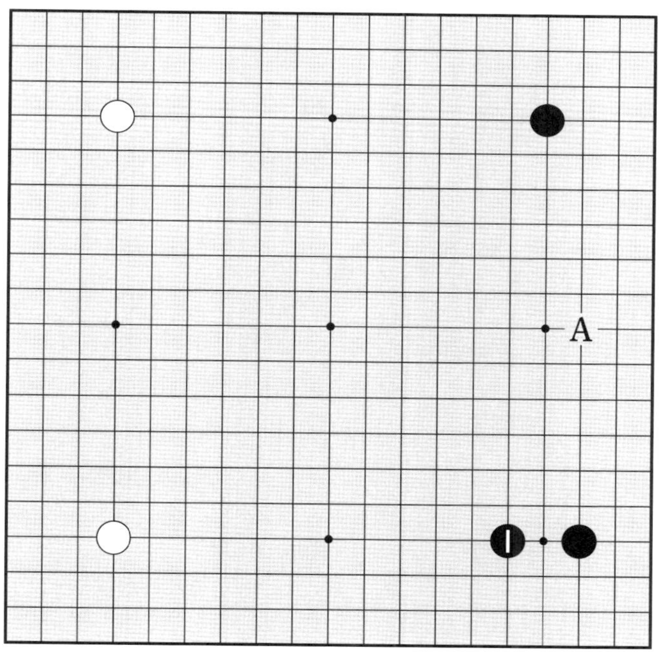

　이번에는 화점·소목 포석에서 흑1의 한칸굳힘을 배경으로 한다. 한칸굳힘은 귀의 실리보다 변에 영향력을 높이면서 중앙도 중시한다.

　우선 이 구도에서 예전에 많이 사용했던 백A의 갈라침을 중심으로 이후 포석 변화에 대해 알아본다.

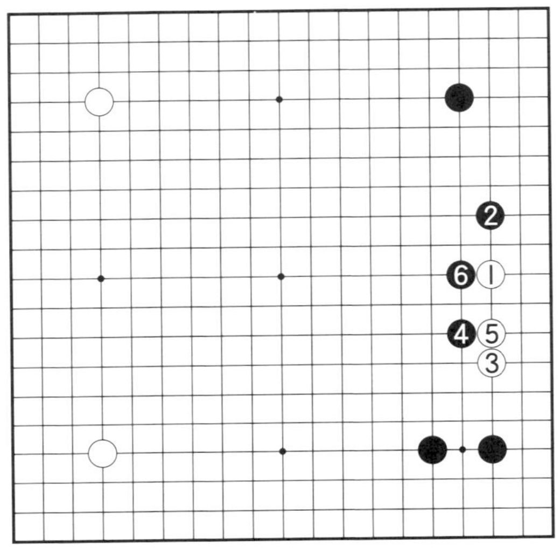

1도(백이 답답하다)

백1의 갈라침에 흑2로 다가선 후 4, 6으로 압박하는 흐름이 되면 백이 답답한 반면 흑이 두터워서 일단 편하다.

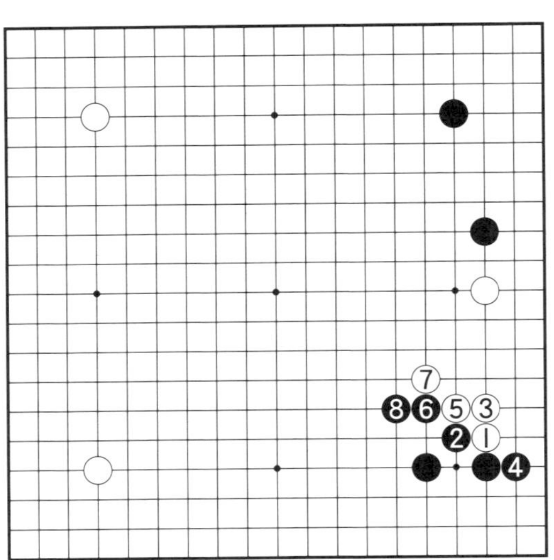

2도(숨통이 트이다)

앞 그림 흑2 때 백1로 붙여 이하 8까지 활용되면 우변 백 모양의 숨통이 트이며 백도 충분한 진행이다.

흑도 귀의 모양이 중앙까지 뻗치며 강화되었는데~

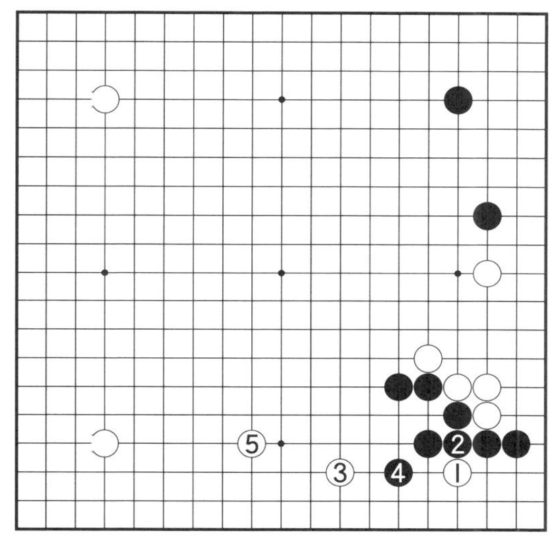

3도(흑세 견제)

백1로 활용하고 나서 3으로 다가서는 것이 흑세를 견제하는 방안이다. 흑4로 온건하게 지키면 백5로 벌리며 백이 하변을 주도해서 활발한 진행이다.

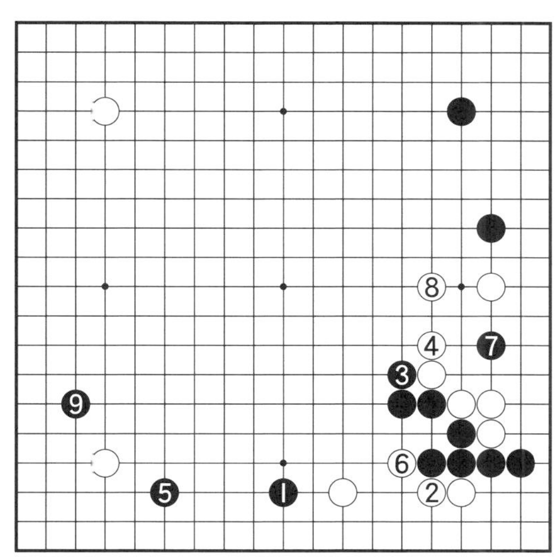

4도(배후에서 공격)

앞 그림 백3 때 흑1로 배후에서 공격하는 것이 강수이다. 백2에 흑3의 활용 후 5부터 걸치면 백6의 젖힘이 요소이다. 흑7은 급소이며 백8은 유연한 대처이다.

다음 흑9로 양걸침이면 AI의 형세는 백이 약간 편한 정도로 본다.

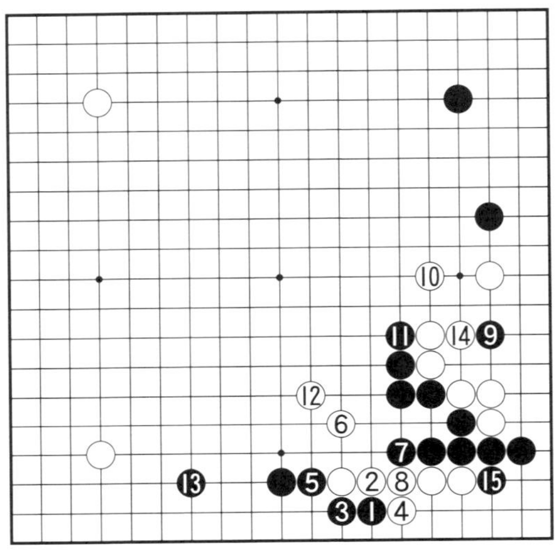

5도(모양의 급소)

앞 그림 백4 때 흑1이 모양의 급소이다.

이하 백6으로 나갈 때 흑은 9로 우변 엷음을 추궁하며 13까지 하변도 보강한다. 백14와 흑15로 각자 진영을 돌보면 AI 시각에서 호각으로 본다.

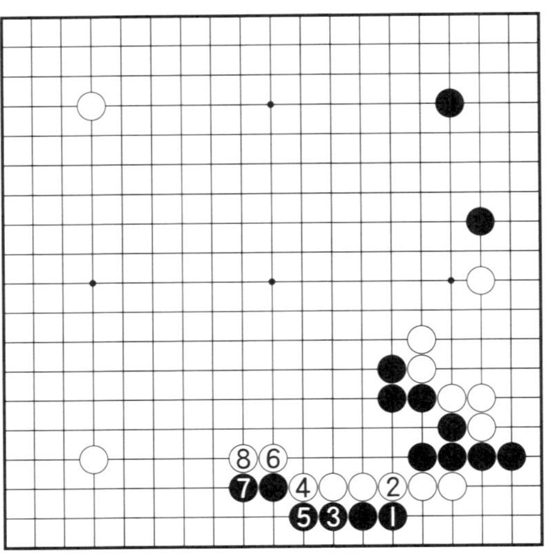

6도(흑의 진입은 욕심)

앞 그림 백2 때 흑1로 진입하는 것은 욕심이다. 백2로 이은 후 8까지 밀어가면 중앙 모양이 두터워진 백이 순식간에 아주 유리한 흐름으로 돌변한다.

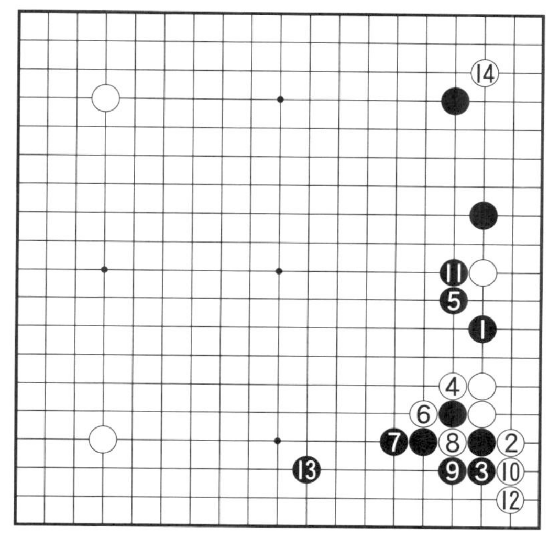

7도(변 침입의 경우)

2도 백3 때 흑1로 변에 침입하면 백2 이하 10까지 AI가 제시하는 공방의 수순이다.

흑11로 우변을 제압하면 백12가 근거의 요소이며 흑13으로 안정할 때 백14의 침입으로 전환하면 백이 약간 활발하다.

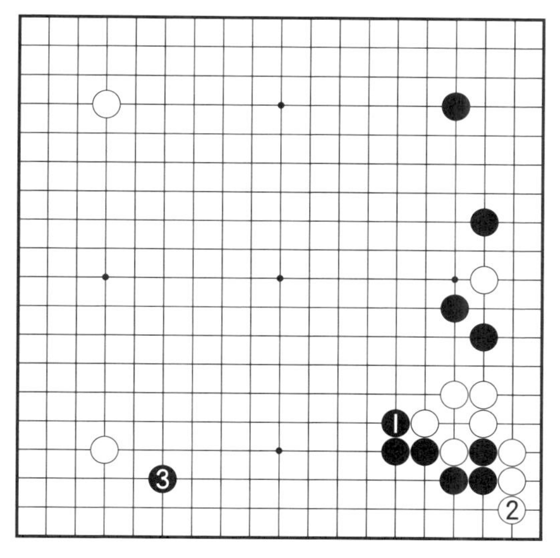

8도(흑, 하변 중시)

앞 그림 백10 때 흑이 하변을 중시하면 1의 꼬부림이 요소이고 백은 2로 삶의 근거를 확보한다. 흑3으로 하변 폭을 넓히는 것이 자연스러운데 이 진행도 백이 약간 편한 국면으로 본다.

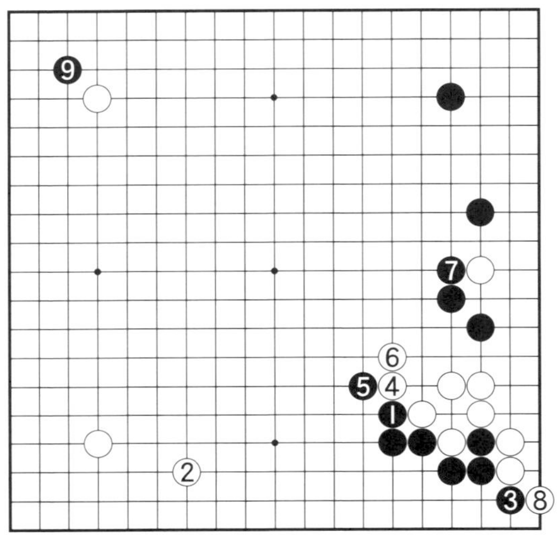

9도(효과적 제압)

흑1에 백2부터 굳히면 흑3, 5로 백진의 근거를 공격해서 중앙으로 내몰며 7로 우변을 제압하는 것이 효과적이다.

　백8부터 수습해갈 때 흑9의 침입으로 전환하면 흑이 앞서지는 못해도 이번에는 거의 균형이 잡힌 형세이다.

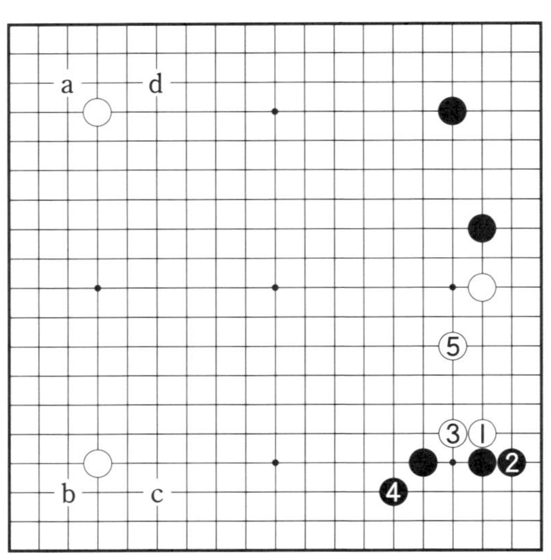

10도(무난한 받음)

백1로 붙일 때 흑2로 받으면 일단 무난하다. 백이 3, 5로 그럴듯한 자세를 갖추면 흑도 귀가 견실한 만큼 a나 b로 전환해서 형세는 호각이다. 실상 AI 시각은 흑2에 백이 활용만으로 만족하고 c나 d의 굳힘이면 좀 더 능동적이다.

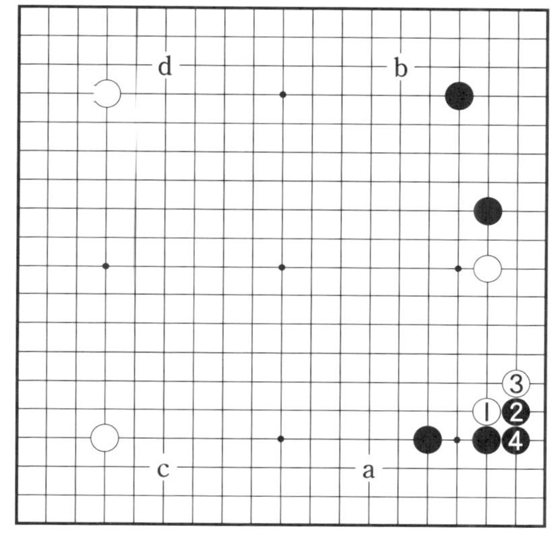

11도(젖히는 리듬)

백1에 흑2로 젖히면 백도 3에 젖히는 리듬을 준다. 흑4로 잇는 정도인데 백이 활용으로 만족한 후 a~d 등 큰 자리로 전환하면 AI 시각에서 백이 불만 없는 흐름이다.

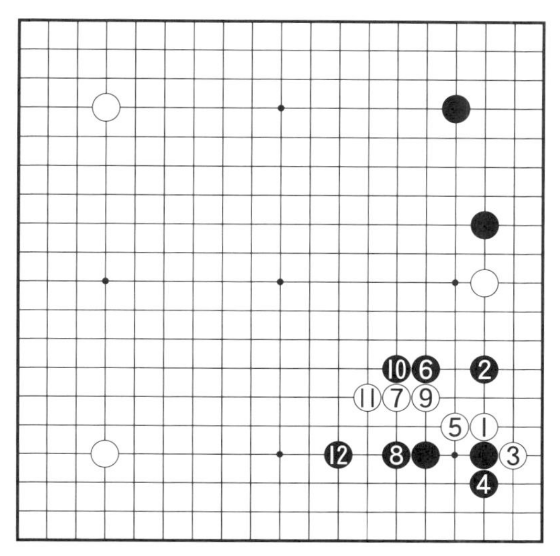

12도(순조로운 공격)

백1에 흑2로 즉시 침입하면 백의 대책은 무엇일까.

이때 백3, 5로 나가는 것은 흑6 이하 12까지 흑이 하변을 주도하며 공격하는 흐름이 순조롭다.

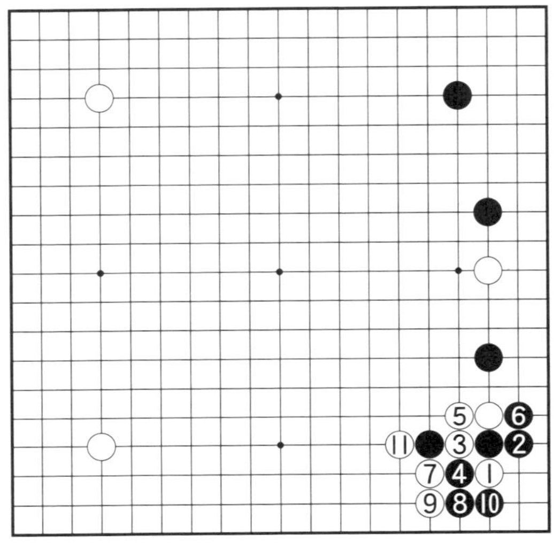

13도(백, 껴붙임)

앞 그림 흑2 때 백1의 껴붙임이 귀의 급소이다. 흑2로 빠지면 백3의 끼움이 맥이고 이하 11까지 정리되면 한점을 잡은 백 모양이 두터워 AI 시각에서 백이 약간 활발하다.

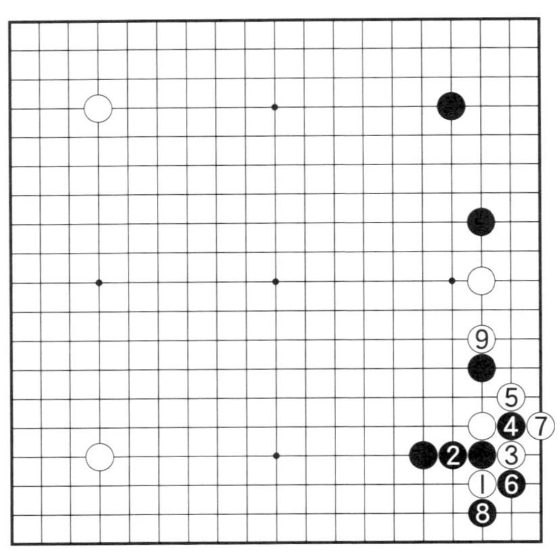

14도(백, 활발)

백1에 흑2로 이으면 백3에 넘고 흑4 이하 8까지 귀를 지키는 정도이다. 이 진행은 백이 9에 붙이는 맥으로 수습하는 모양이 활발하다.

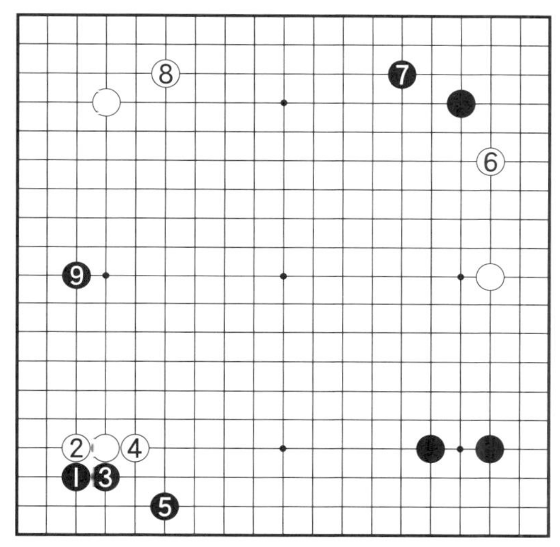

15도(3三침입부터)

백이 갈라칠 때 AI 시각에서는 우변에 별로 신경을 쓰지 않는다.

곧장 흑1로 침입한 후 9까지 AI의 모범 변화인데 형세는 거의 비슷하다.

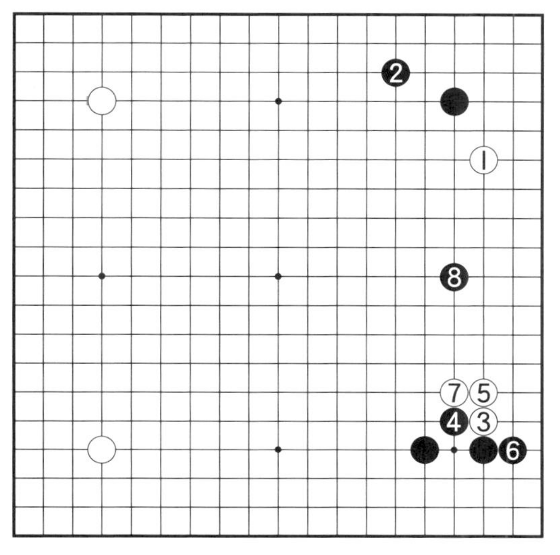

16도(능동적 운영에 차질)

처음으로 돌아와서, 백1로 걸친 후 3의 붙임은 소목 한칸굳힘에서는 유력한 활용이 아니다.

이하 백7 때 흑이 받지 않고 8로 협공하면 국면은 시작 단계이지만 백은 능동적 운영에 차질이 생긴다.

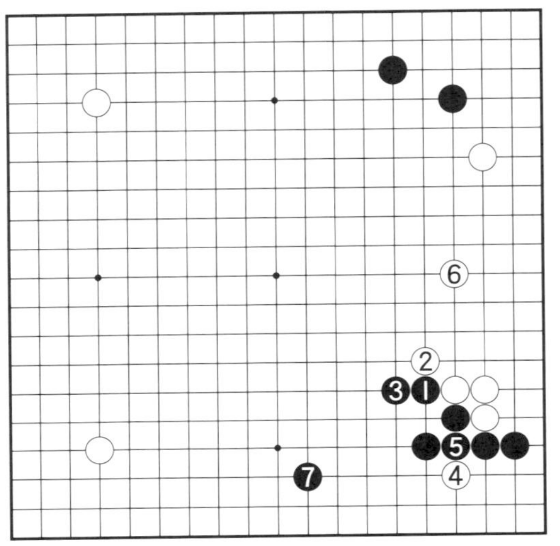

17도(싸움을 피할 경우)

앞 그림 백7 때 흑이 싸움을 피한다면 1, 3으로 받는 것도 두터운 자세이다.

　백은 4를 활용한 후 6으로 우변에 모양을 구축해서 충분한데 흑도 7로 지키면 서로 어울린 국면이다.

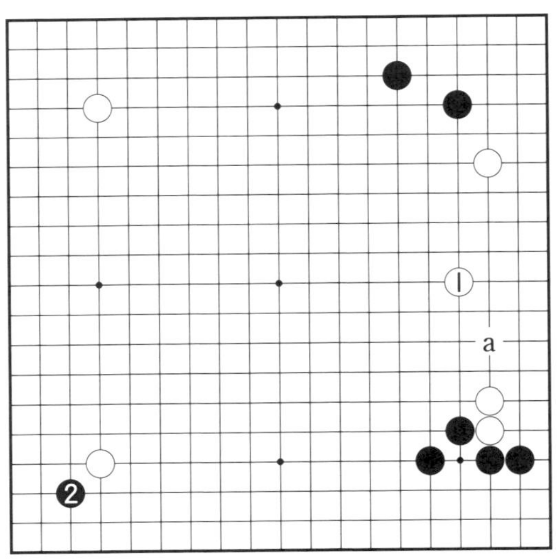

18도(유연한 발상)

백도 이렇게 둔 이상 16도 흑6 때 백1의 벌림이 유연한 발상이다.

　a의 침입이 남지만 흑은 당장 그쪽보다 2의 침입 쪽이 우선이며 AI 시각에서 형세는 앞 그림과 마찬가지로 거의 비슷하다.

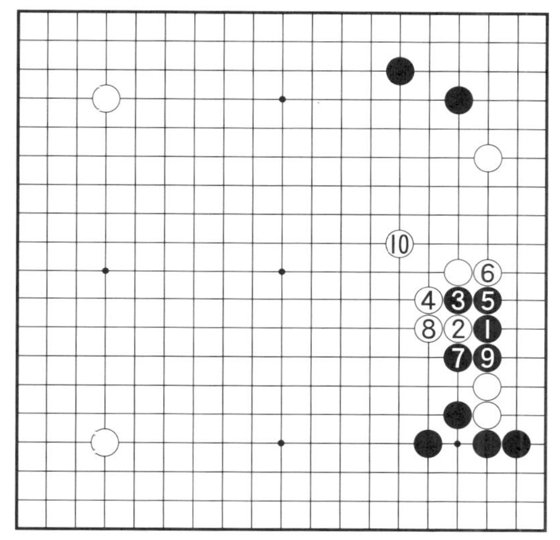

19도(당장 침입하는 경우)

당장 흑1로 우변에 침입
하는 경우 백은 2 이하
10까지 두점을 버려도
중앙에 모양을 갖춰 충
분하며 서로 어울렸다.

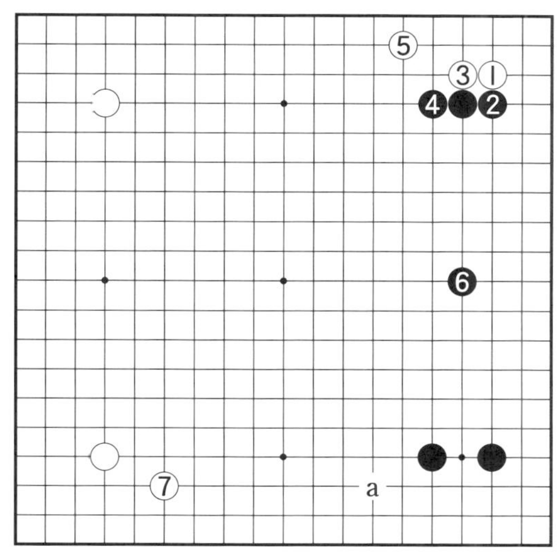

20도(AI의 전매특허)

처음부터 백1의 3三침
입은 AI의 전매특허이
다. 이하 7까지 모범 변
화이며 백7은 a의 다가
섬도 능동적이다.

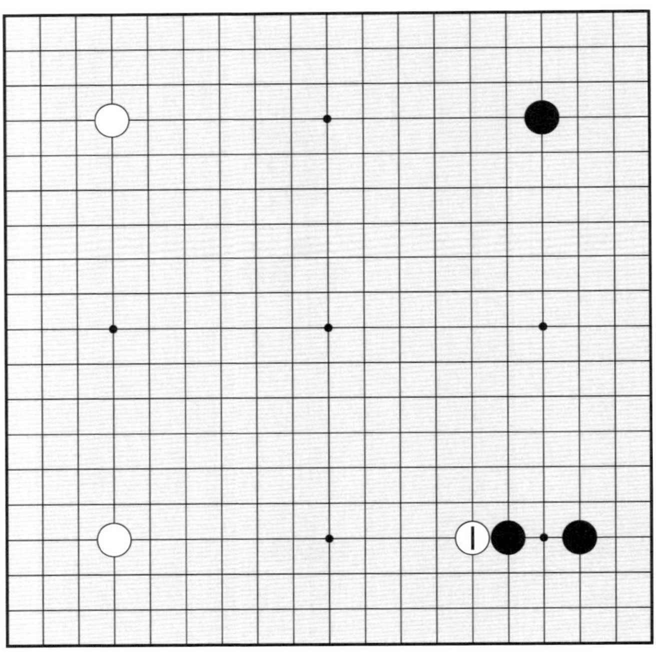

AI의 영향으로 처음부터 소목 한칸굳힘의 머리 쪽인 백1에 붙이는 신형도 실전에 삼심치 않게 등장하는데, 치열하고 효율적인 활용을 통해 전체 국면을 조율하고 주도하려는 뜻이다.

더불어 내향 소목 한칸굳힘의 경우도 포함해서 이후 포석 변화에 대해 알아본다.

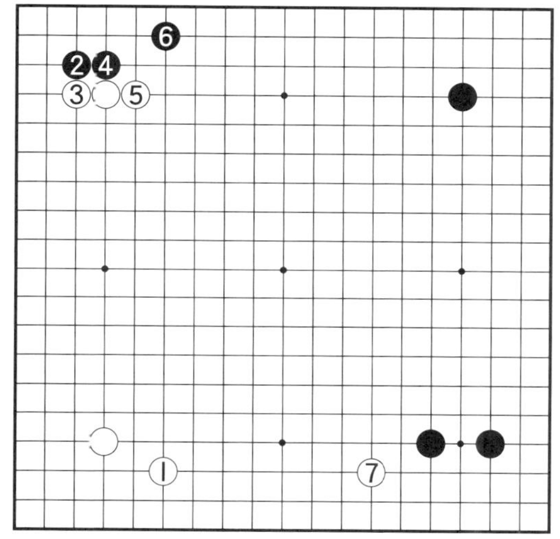

1도(보편적 진행)

백이 하변부터 도모한다면 1의 굳힘이 안정적이다. 흑2로 침입하면 이하 6 때 백7로 한칸굳힘에 다가서는 것이 보편적 진행이다.

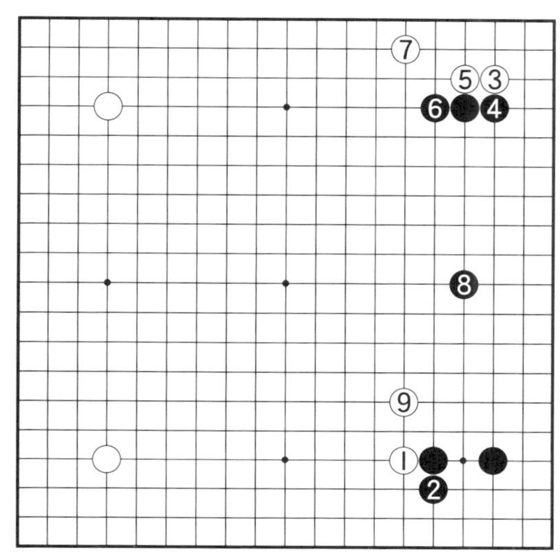

2(백, 효율적 흐름)

처음부터 백1의 붙임이 본론인데 AI는 이런 식으로 상대를 흔들어대는 것이 특기이다. 흑2로 온건하게 지키면 백은 3의 침입으로 전환한다.

　이하 8까지 흑이 우변을 개척해도 백9로 뛰면서 견제하면 백이 효율적 흐름을 탄다.

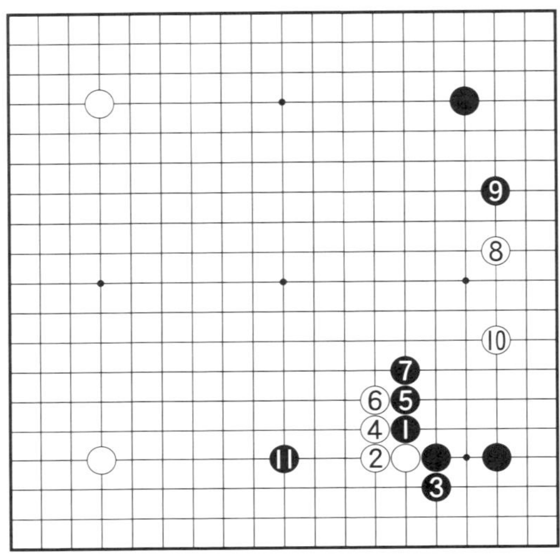

3도(백, 단순한 받음)

흑은 위나 아래로 젖히는 것이 기세. 우선 흑1로 위에서 젖힐 때 백2로 단순히 받으면 흑은 3 이하 7까지 귀를 견실하게 지키면서 우변도 커질 조짐이다. 백8, 10으로 우변을 견제해도 흑이 11로 공격하면 좋은 흐름을 탄다.

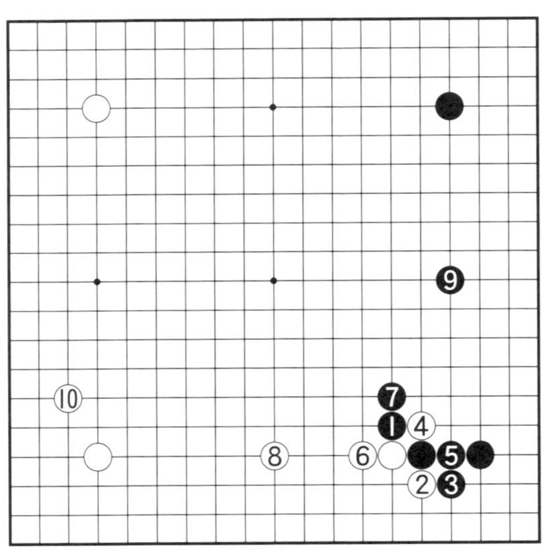

4도(백, 맞젖힘)

흑1에는 백도 2의 맞젖힘이 행마법이다. 이때 흑3에 막으면 백4, 6으로 늘어 불만이 없다.

이하 10까지 기세의 진행으로 서로 모양을 구축하지만 AI 시각에서 백이 약간 편한 국면으로 본다.

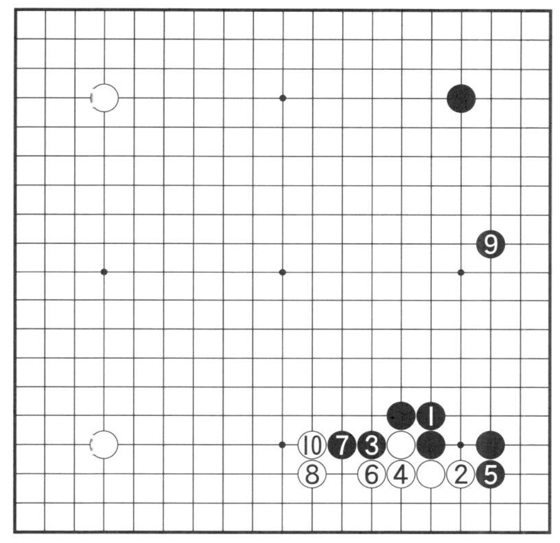

5도(유력한 변화)

앞 그림 백2 때 흑1로 잇는 것이 정수이다.

백2에는 흑3의 단수가 기세이며 백4로 잇는 경우 이하 10까지 AI의 유력한 변화인데 서로 진영을 갖춰 어울렸다.

수순 중 흑9는 우변을 통합하는 요소로 기억해둔다.

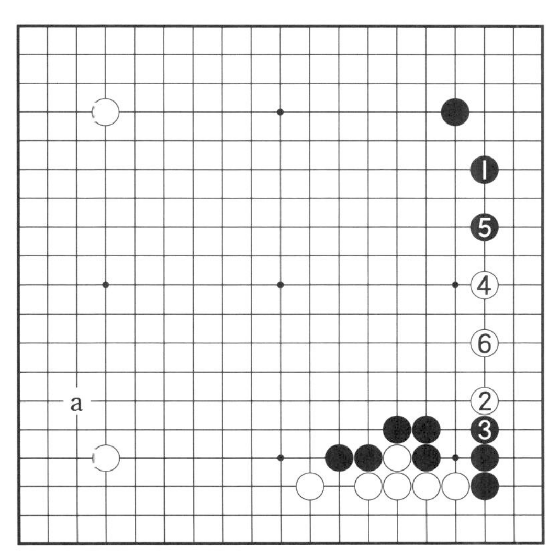

6도(공간 확보)

앞 그림 백8 때 흑1의 굳힘이면 백2, 4로 자리할 공간이 확보된다.

흑5로 공격하면 백6은 AI가 추천하는 지킴인데, 달리 우변을 가볍게 보고 a의 큰 자리로 전환해도 백이 효율적 흐름을 탄다.

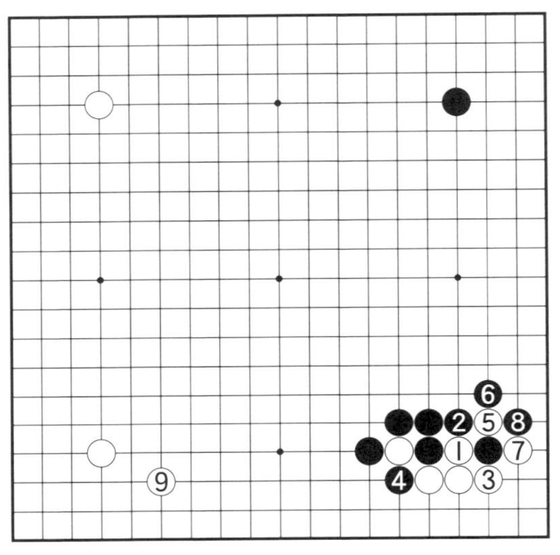

7도(백, 귀에 진입)

5도 흑3 때 백1, 3으로 귀에 진입하는 것도 유력하다. 이하 8까지 귀의 공방은 일단락이며 백9로 흑세를 견제하면 호각이다.

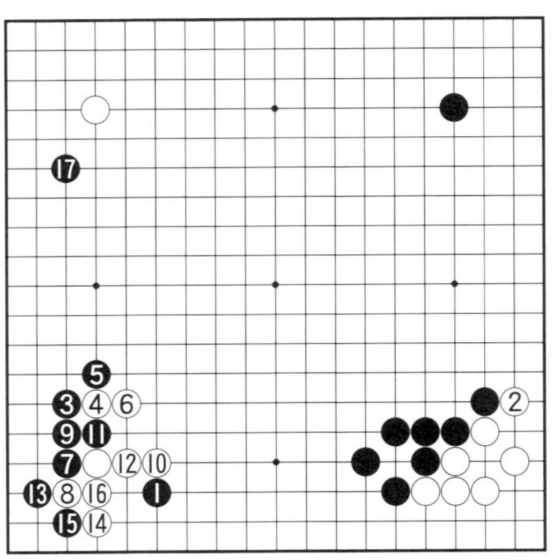

8도(호구 젖힘이 요소)

앞 그림 백7 때 흑1로 하변부터 넓히면 백2의 호구 젖힘이 요소이다. 흑3의 양걸침에 백4로 붙인 후 16까지는 알려진 AI 정석 과정인데 이쯤 해서 흑이 17로 걸치면 거의 호각으로 본다.

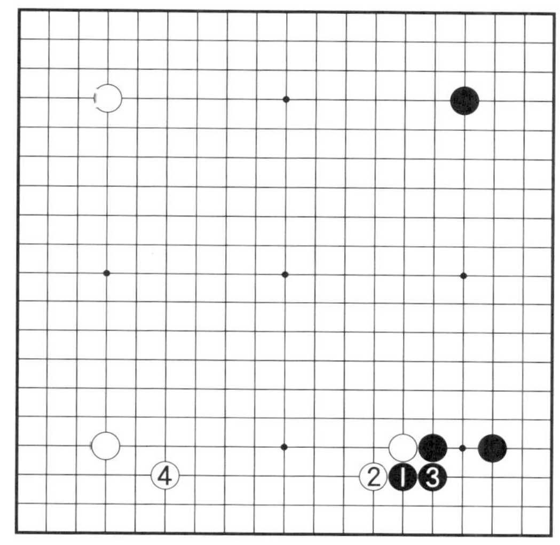

9도(백, 효율적 흐름)

처음으로 돌아가서 흑이 귀의 실리를 중시하면 아래쪽 1로 젖힌다. 백도 2의 되젖힘이 행마법인데 이때 흑3에 잇는 것은 백4로 전환하기만 해도 귀에 활용한 만큼 백이 효율적 흐름이다.

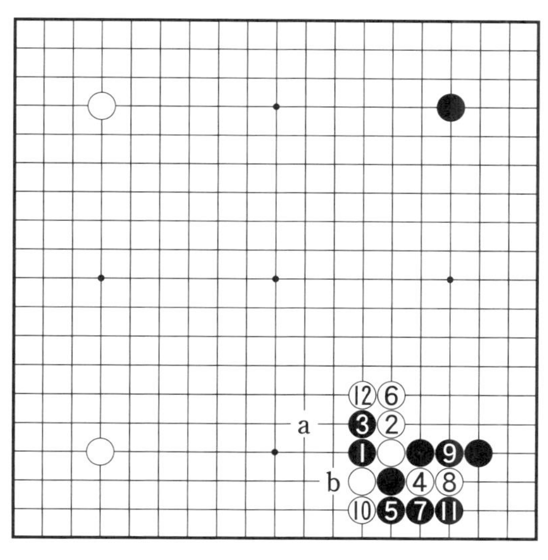

10도(절대 수순)

앞 그림 백2 때 흑도 1로 끊어서 싸워야 하며 3으로 밀면 백4로 단수친 후 12까지 절대 수순으로 기억해둔다.

다음 흑은 a와 b의 선택이 보통인데~

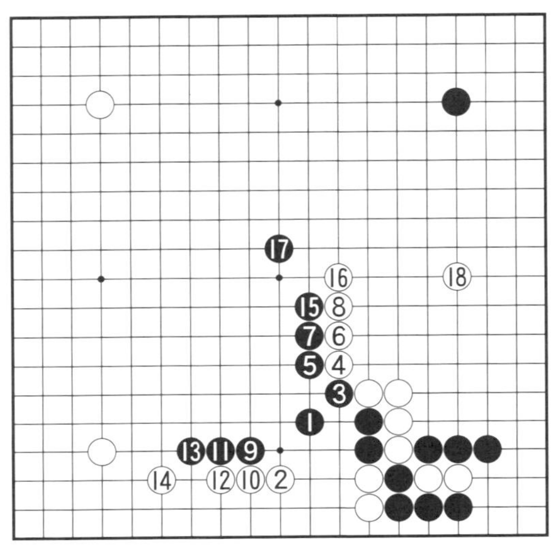

11도(모범 변화)

이다음 흑1로 뛰면 백2로 벌린 후 18까지 AI가 제시하는 모범 변화의 예이다.

서로 실리와 중앙 주도권에서 균형을 맞추며 호각이다.

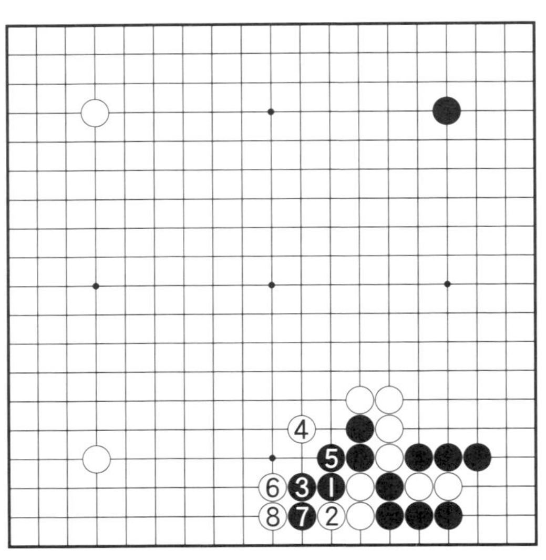

12도(흑, 불리)

10도 다음 흑1로 젖히면 두점을 제압할 수 있지만 백2로 키운 후 4 이하 8까지 조이면 바깥이 봉쇄되어 흑이 불리한 진행이다.

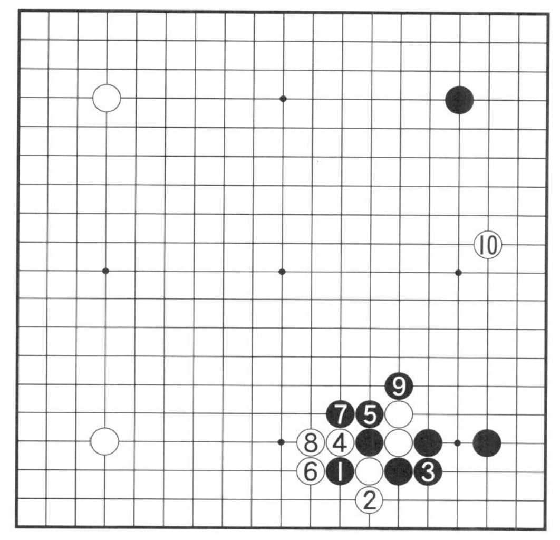

13도(바꿔치기)

10도 백2 때 흑1로 단수치고 3으로 이으면 이하 9까지 서로 밖꿔치기 양상으로 일단락된다. 선수를 잡은 백이 우변 10으로 갈라치면 불만 없는 국면이다.

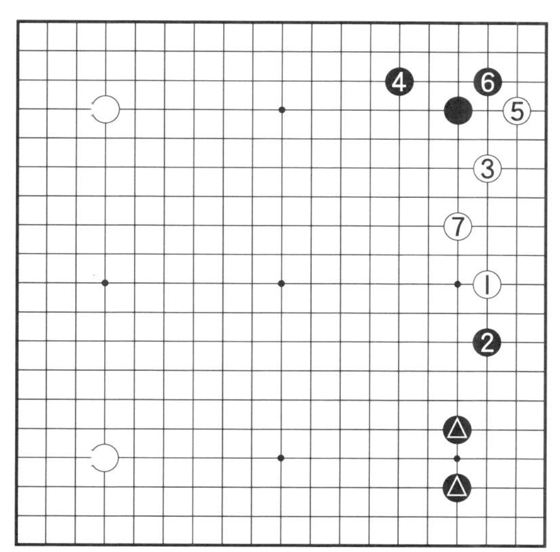

14도(내향 소목 한칸굳힘)

이번에는 흑▲로 내향 소목 한칸굳힘에서의 신형 변화를 알아보자.

우선 백1로 갈라친 후 7까지 되면 서로 견실하게 정리되지만, AI 시각에서 백이 약간은 소극적 선택으로 본다.

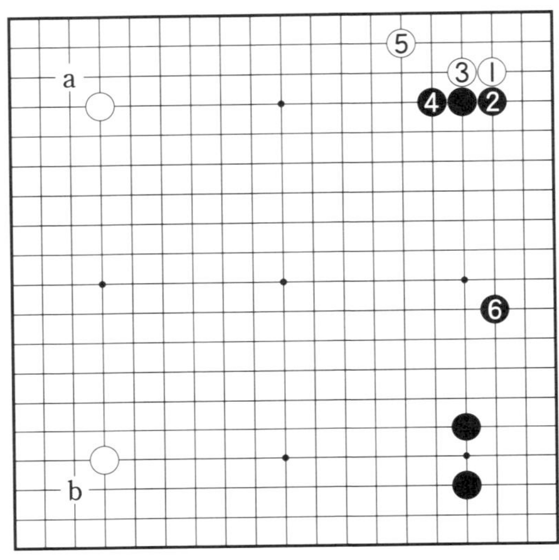

15도(닥치고 3三침입)

이 구도에서 AI의 일순위는 역시 백1의 닥치고 3三침입이다.

백5 때 흑도 a나 b의 침입이 우선이지만 굳이 우변을 지키자면 6의 벌림이 명당이다.

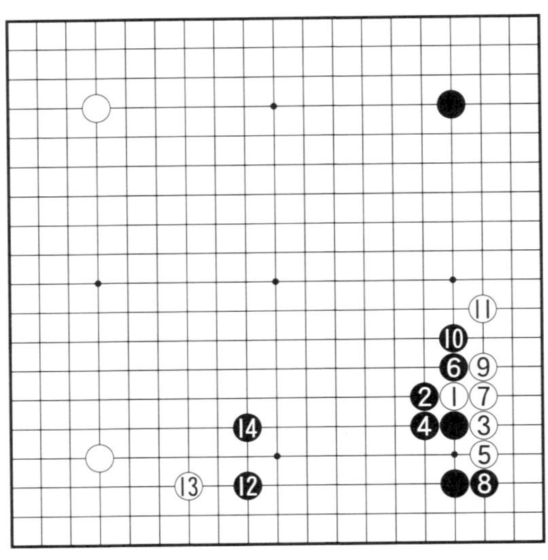

16도(유력한 머리붙임)

이때도 백1의 머리붙임은 유력한 방안이다.

흑2로 위에서 젖힌 후 6의 단수 때 백7로 이으면 이하 14까지 AI의 추천 변화인데 서로 대등한 국면이라 본다.

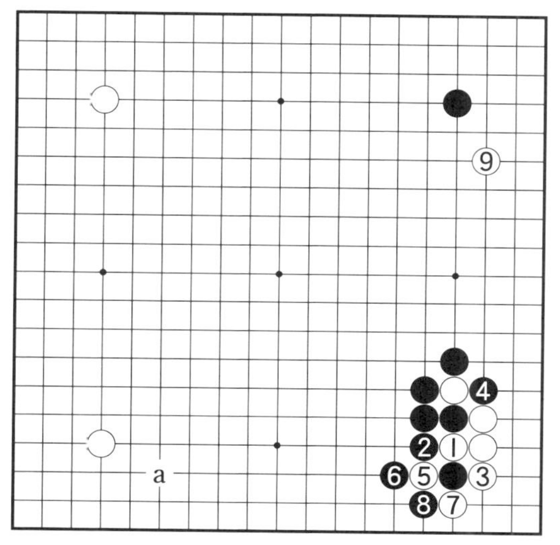

17도(백, 귀에 진입)

앞 그림 흑6 때 백1, 3
으로 귀에 진입하면 이
하 8까지 일단락이다.

다음 백9의 걸침이나
a의 굳힘이 큰 자리인데
형세는 거의 호각이다.

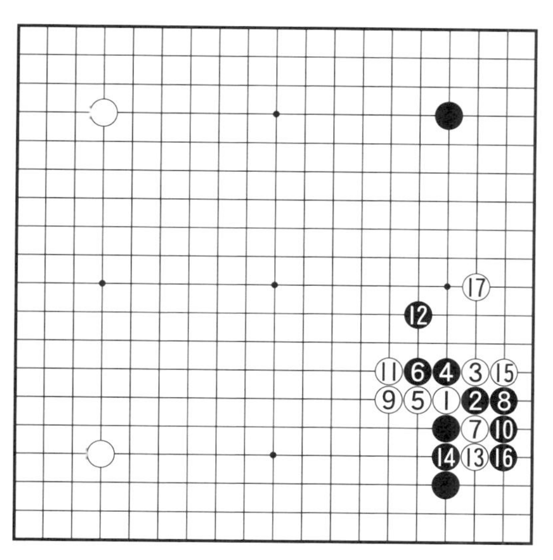

18도(같은 맥락)

백1에 흑2로 아래쪽에
서 젖히면 이하 17까지
거의 필연인데 10도와
같은 맥락이다.

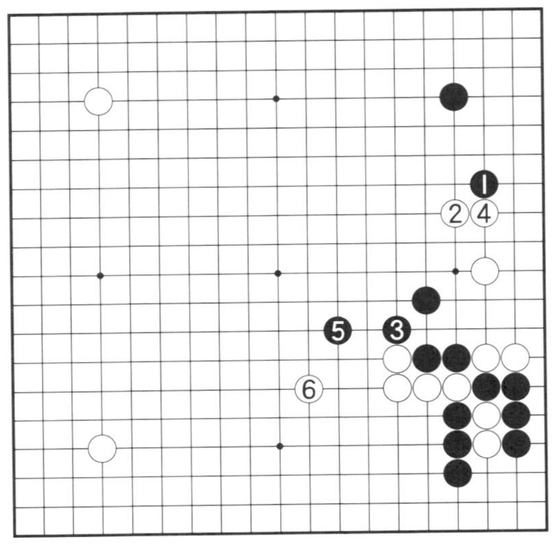

19도(팽팽한 접전)

이다음 흑1로 공격하면 백2 이하 6까지 AI가 제시하는 공방인데 아직 우열을 가릴 수 없는 팽팽한 접전이다.

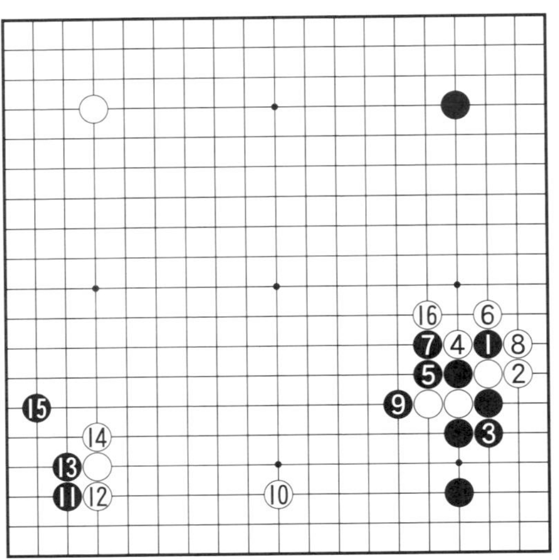

20도(AI의 정리법)

18도 백5 때 흑1, 3으로 단수치고 이으면 이하 9까지 AI의 정리법인데 13도와 수순이 약간 다르지만 비슷한 맥락이다. 백10으로 벌려 흑세를 견제한 후 16까지 모범 변화인데 서로 요소를 차지하며 어울렸다.

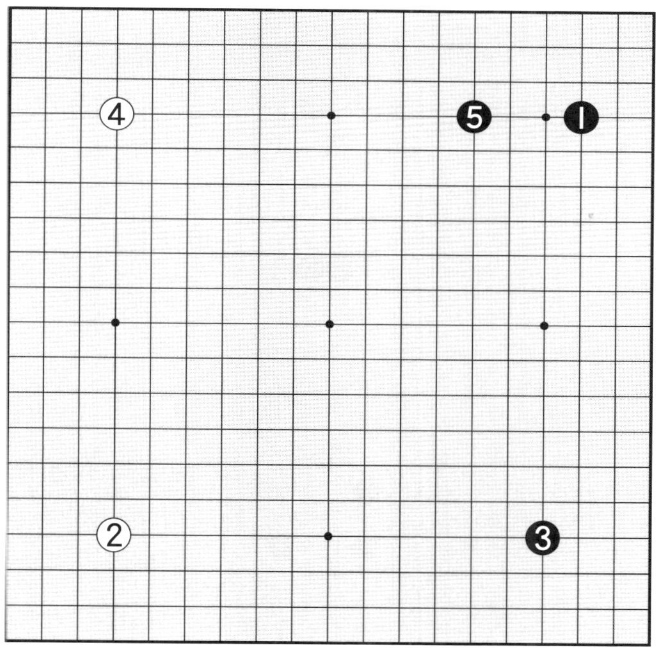

흑1, 3도 역시 화점·소목 포석이다. 이번에는 흑5의 소목 두칸굳힘을 배경으로 하는데, 귀는 허술하지만 전체적 안목을 중시하는 AI시대에 유행하는 구도이다.

앞으로 두칸 귀의 공방이 핵심 과제라는 걸 염두에 두고 이후 포석 변화에 대해 알아본다.

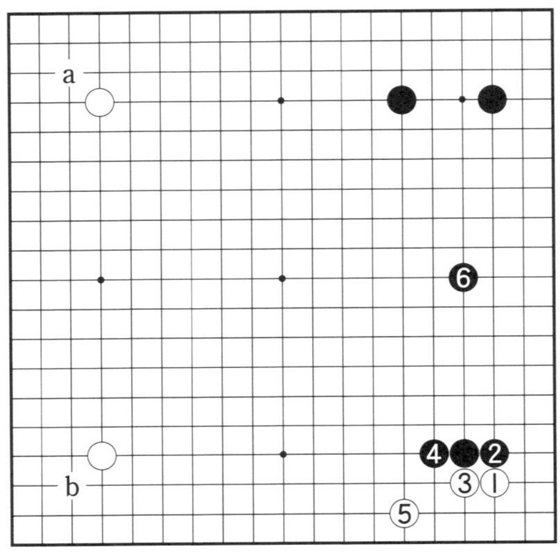

1도(보편적 진행)

일단 백1로 침입한 후 6 까지는 AI시대에 보편 적인 진행이다.

　물론 흑6으로는 a나 b의 침입도 가능한 선택 이다.

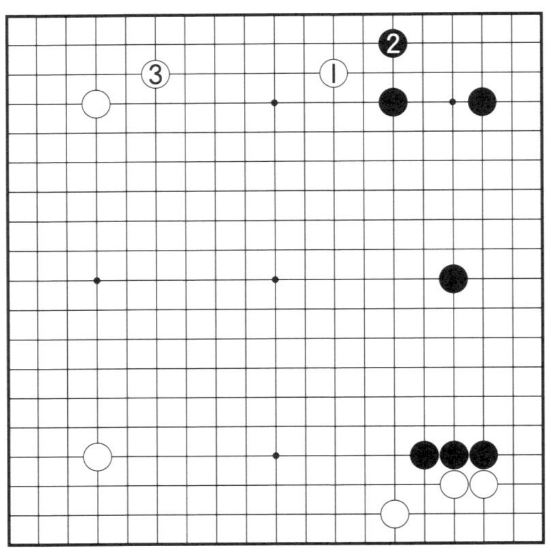

2도(백, 상변 주도)

이다음 백1의 다가섬은 귀의 두칸 허술함을 노 리는 요소이다.

　흑도 다음 대응이 중 요한데 2로 지키면 무난 하지만 백3에 굳혀 상변 을 주도하면 백이 불만 없는 국면이다.

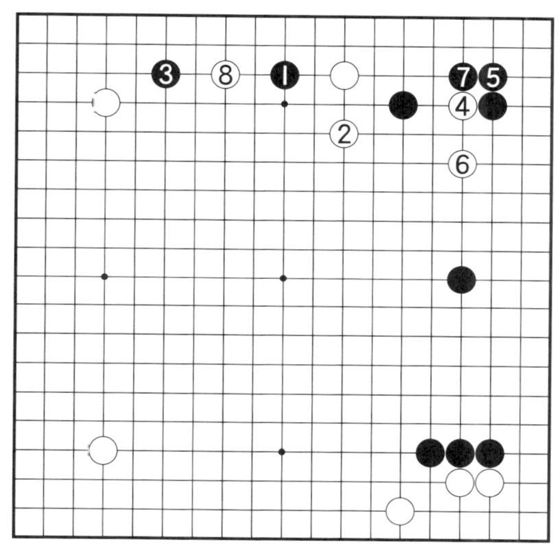

3도(두칸 귀의 공략법)

백이 다가서면 흑도 상변에서 1로 협공하고 3으로 걸치는 진행이 능동적이다. 백은 귀의 공략이 초점인데 4의 붙임이 일감이다. 흑5로 침착하게 지키면 백6을 활용한 후 상변 8에 침입해서 싸우는 것이 AI의 포석 변화이다.

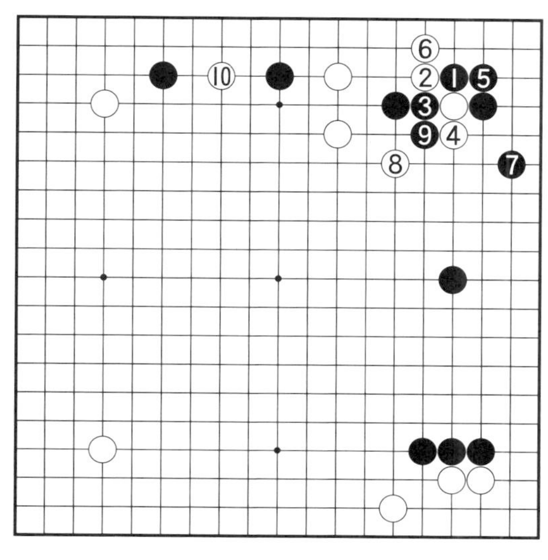

4도(되젖히는 리듬)

앞 그림 백4 때 흑1로 귀에서 젖히면 백2로 되젖혀 타개하는 리듬을 준다.

이하 백8로 포위할 때 흑9로 두점을 잡을 수 있지만 조이는 맛이 남았고 이를 발판으로 백10으로 침입하면 백이 활발한 국면이다.

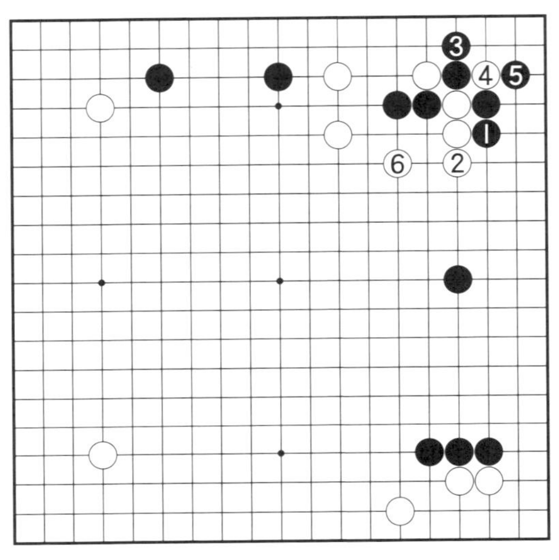

5도(효율적인 수순)

앞 그림 백4 때 흑1로 밀고 3으로 지키는 것도 견실하다.

백도 4로 활용한 후 6으로 포위하는 흐름이 효율적인 수순이다.

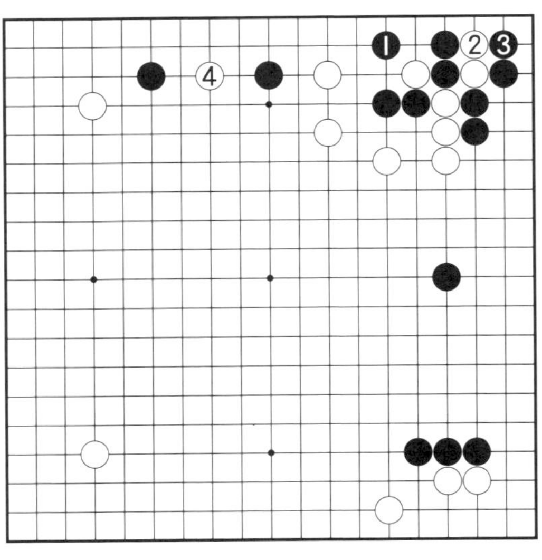

6도(백이 약간 활발)

이 다음 흑1로 잡을 때 백2의 활용을 결정한 후 4로 침입하면 AI 시각에서 백이 약간 활발한 국면으로 본다.

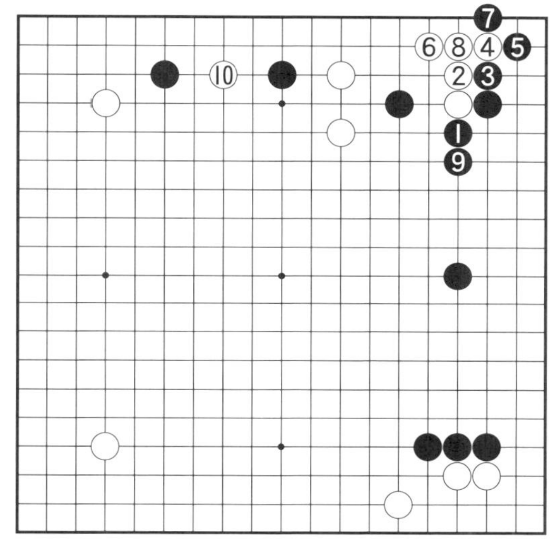

7도(위에서 젖히는 경우)

3도 백4 때 흑1로 위에서 젖히는 경우를 알아보자. 백2 이하 6의 호구 대응은 가볍게 정리하려는 뜻이다. 흑7 단수 때 백8로 이으면 흑9 쌍점이 AI가 알려주는 효율적 지킴이며 백10으로 침입해서 서로 대등한 싸움으로 본다.

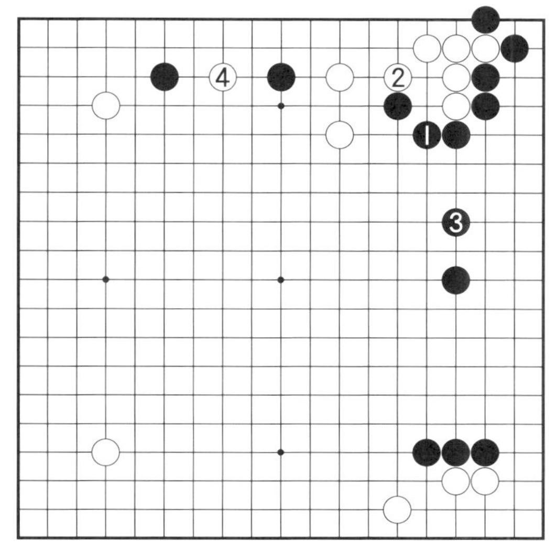

8도(효율적 정리)

앞 그림 백8 때 흑1로 확실히 연결하고 백2로 보강하면 흑3에 지키는 것도 효율적 정리이다.

　백도 4로 침입하면 충분한 싸움으로 본다.

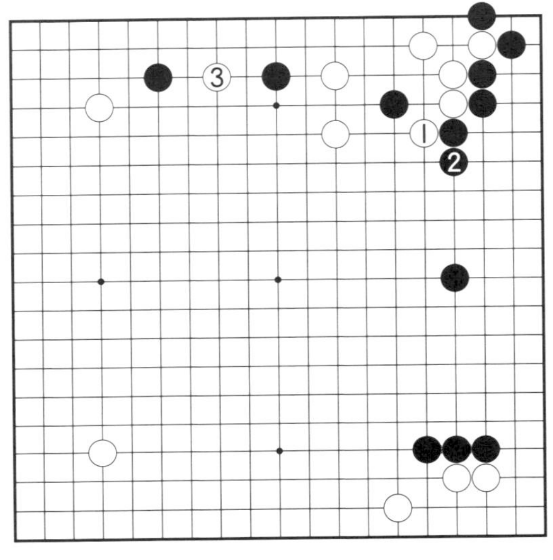

9도(효과적 상변 전략)

7도 흑7 때 상변 전체를 놓고 보면 백도 1부터 젖히고 흑2에 백3으로 침입하는 것이 효과적이며 AI 시각에서 백이 약간 활발하다.

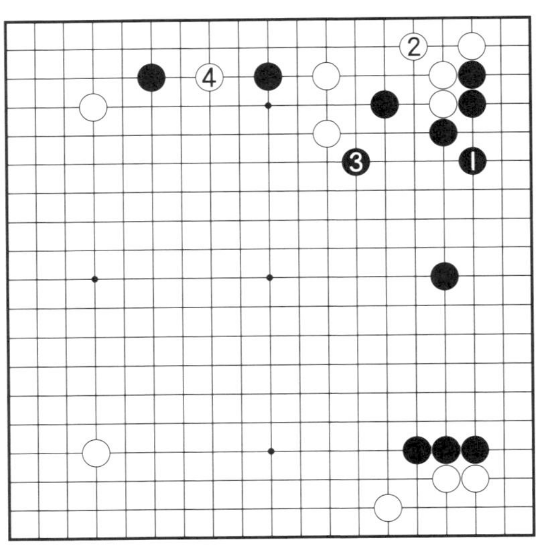

10도(노련한 운영법)

7도 백4 때 흑도 상변 한점을 살리려면 1부터 지키고 백2에 흑3으로 우변을 키우는 것이 노련한 운영법이다.

백4로 침입하면 형세는 거의 어울렸다.

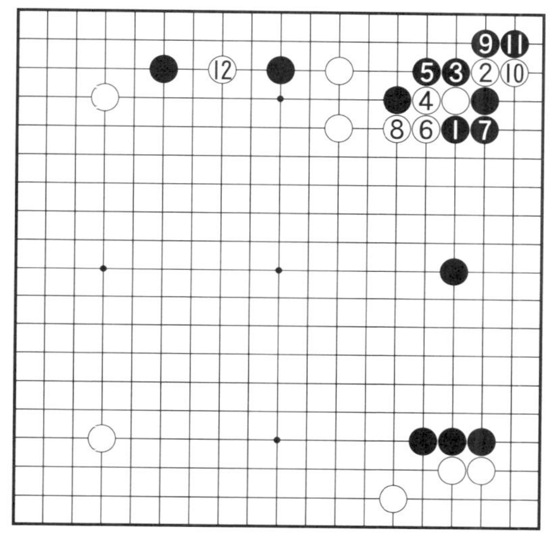

11도(귀에 맞젖히는 경우)

흑1에 백2로 맞젖혀 귀에 진입하는 경우 흑3에 끊어 싸우면 약간 복잡하다.

그래도 무난하게 정리하자면 이하 11까지 흑이 귀의 두점을 잡는 것인데 백12로 침입하면 AI 시각에서 백이 약간 활발하다.

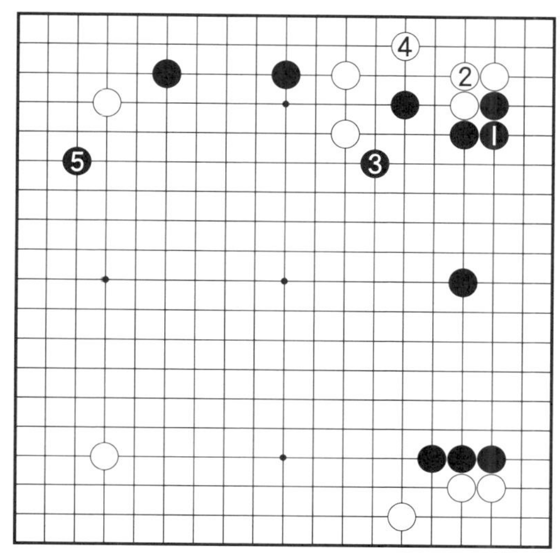

12도(간명한 이음)

앞 그림 백2 때 흑1과 백2로 각자 이으면 간명하다. 흑이 귀의 실리는 허용하지만 3으로 우변을 넓히고 5로 양걸침하면 AI 시각에서 흑이 앞서지는 못해도 맞설 수 있다.

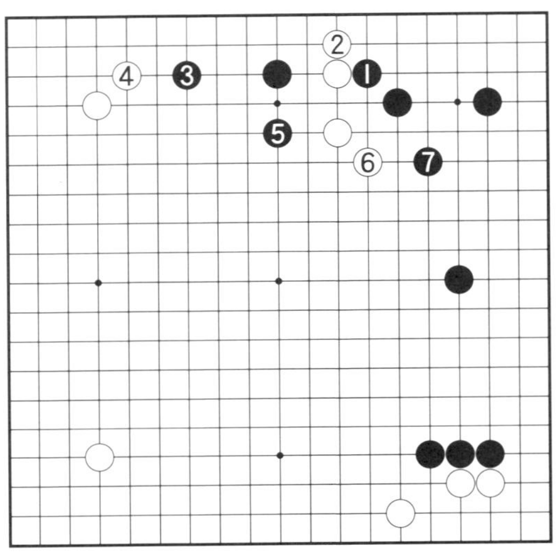

13도(흑, 양쪽 정리)

거슬러 올라가 3도 백2 때 흑1의 붙임은 백2로 받으면 귀가 자연스럽게 보강되므로 흑3으로 변도 안정해서 양쪽을 효율적으로 정리하려는 뜻이다.

이하 7까지 AI의 무난한 변화인데 형세는 어울렸다고 본다.

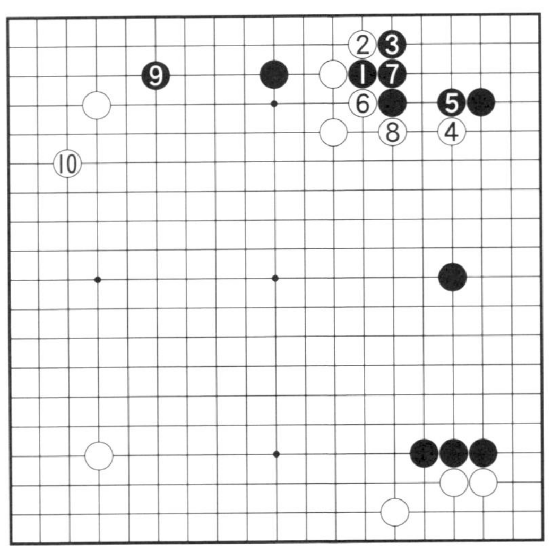

14도(백, 교묘한 책동)

흑1에는 백2로 젖힌 후 4로 변에서 응수를 묻는 것이 교묘한 책동이다.

흑5로 지키면 백6, 8로 틀어막는 자세가 두터워서 흑9에 백10으로 받는다보고 백이 활발한 진행이다.

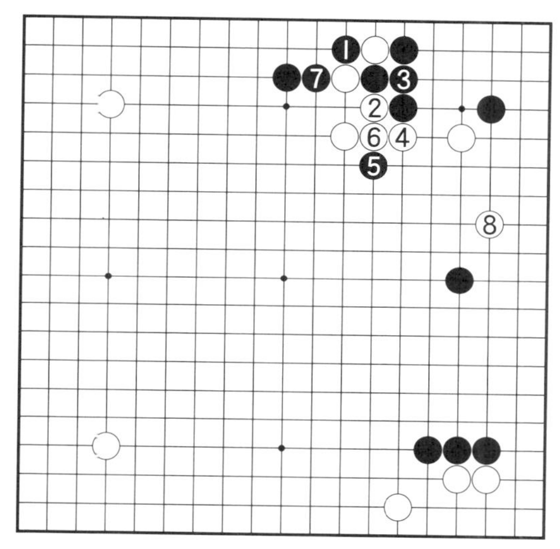

15도(견실한 대응)

앞 그림 백4 때 흑1로 한점을 잡는 것이 견실한 대응이다.

이하 8까지 AI의 유력한 변화인데 흑은 귀와 변이 연결되었고 백은 중앙이 두텁게 정리되어 형세는 거의 호각이다.

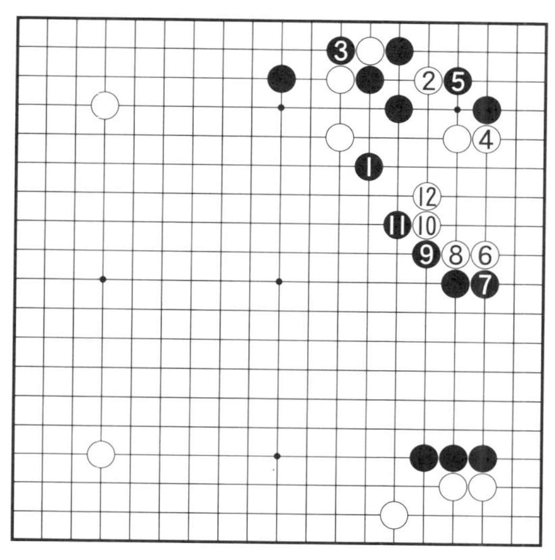

16도(양쪽 가르는 경우)

14도 백4 때 흑1로 나가 양쪽을 가르는 것이 강수이지만 백도 2로 진입한 후 4로 막으며 귀를 위협한다.

흑5로 귀를 지키고 백도 6 이하 12까지 변에서 노골적으로 안정하면 AI 시각은 서로 어울린 형세로 본다.

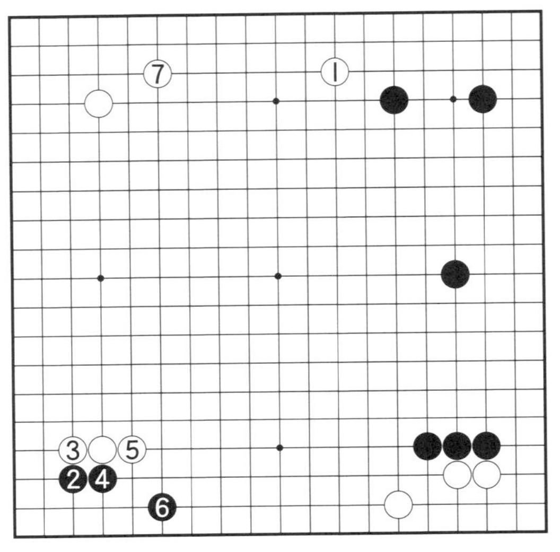

17도(백, 수비 위주)

거슬러 올라가 백1로 다 가설 때 흑이 대응하지 않고 2의 큰 자리로 전환하는 경우도 알아보자. 흑6 때 백이 수비 위주로 두자면 7의 굳힘이 안정적이다.

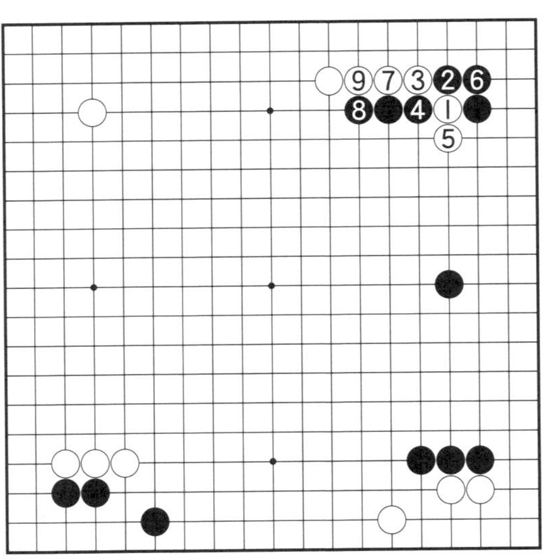

18도(귀를 노리는 맥점)

앞 그림 흑6 때 백이 공격 위주라면 1의 붙임이 역시 귀를 노리는 맥점이며, 흑도 귀쪽에서 대응한다면 2의 젖힘이 효과적이다.

4도와는 구도가 다르지만 백도 3의 되젖힘은 당연하며 이하 9까지 하나의 방안이다.

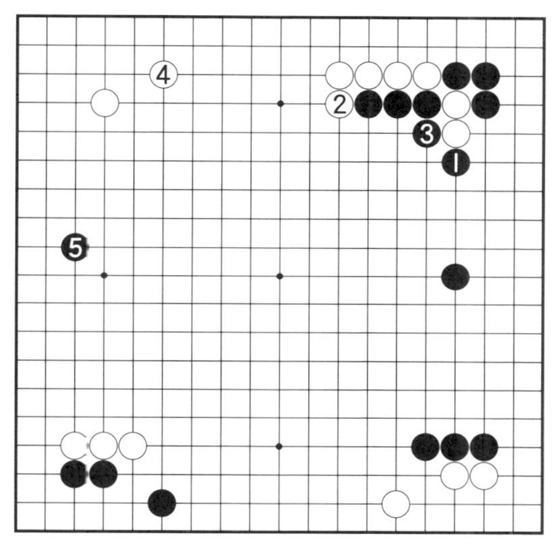

19도(흑이 편한 모습)

이다음 흑1의 붙임이 모양의 급소인데 백은 어떻게 대응할까. 우선 백 2, 4로 조용히 상변을 지키면 무난하지만 두점을 맞좋게 잡은 흑이 편한 모습이다.

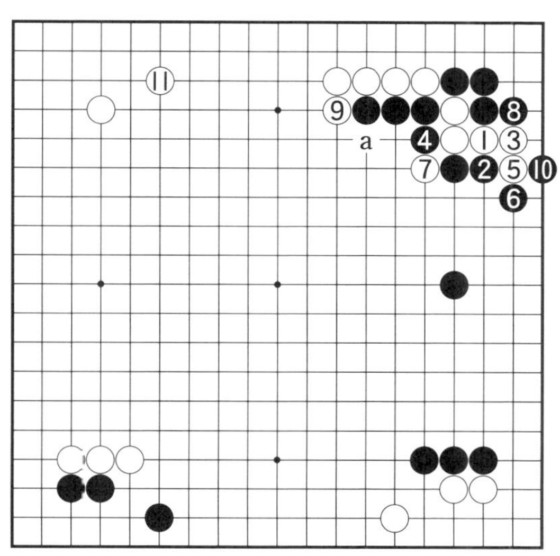

20도(백, 노련한 운영)

흑이 급소에 붙이면 백은 1 이하 5까지 키워놓고 7, 9로 활용한 후 11로 지키는 것이 노련한 운영이다.

백 5점이 잡혔지만 a의 활용도 남은 만큼 상변은 백 모양이 강하다. 그래도 흑은 실리로 앞서 불만 없다.

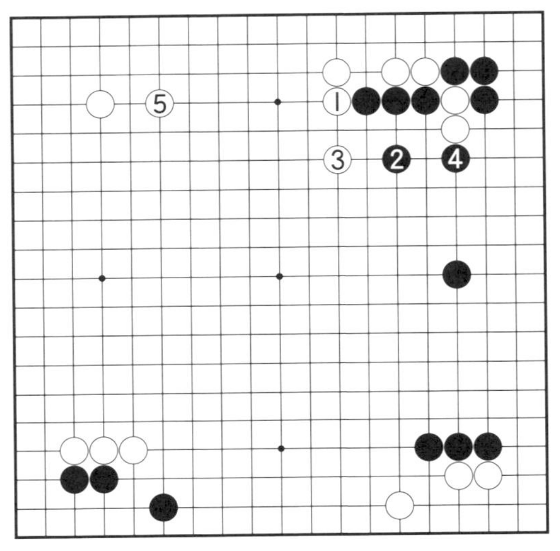

21도(백, 중앙 중시)

18도 흑8 때 백은 1로 밀어올린 후 5까지 변화도 유력하다.

백이 실리보다 중앙의 발전성을 중시한 선택인데 서로 어울린 국면이다.

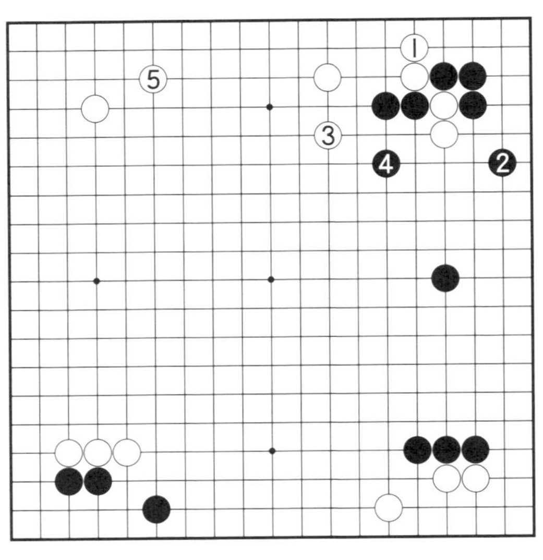

22도(백, 귀쪽 늘기)

18도 흑6 때 백1로 귀쪽에 늘면 흑2의 날일자 행마가 적격이다.

백3, 5로 상변을 지켜 서로 영토를 나누며 어울렸다.

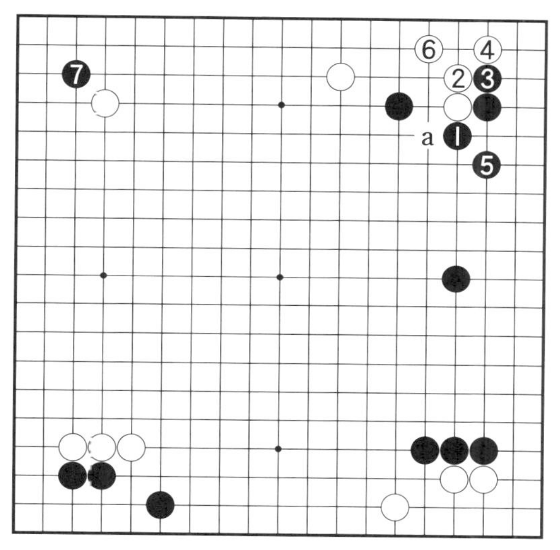

23도(흑, 변에서 젖힘)

백이 귀에 붙일 때 흑1로 변에서 젖히는 경우도 알아보자.

백2에 늘면 흑3, 5로 지킨 후 7의 침입으로 전환하는 것이 발 빠른 착상인데 백도 호구로 틀이 잡혀있고 a의 노림이 있는 만큼 서로 어울린 진행이다.

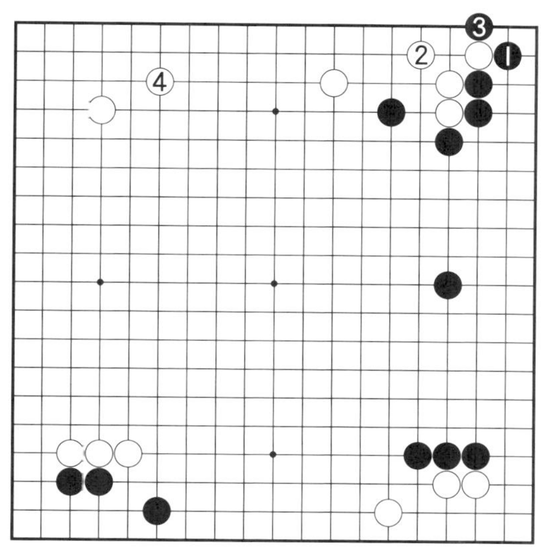

24도(백, 유연한 대응)

앞 그림 백4 때 흑1, 3의 단수로 물고 늘어지면 백은 대응하지 않고 4의 굳힘으로 전환하는 것이 유연하다.

귀는 활용 성격이 강하므로 백이 약간 효율적 진행이다.

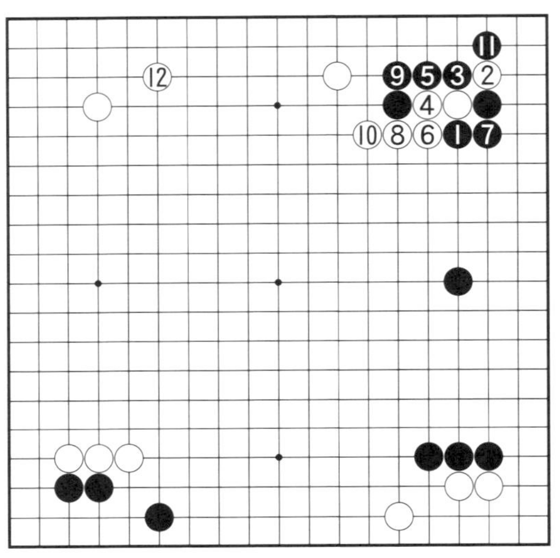

25도(백, 귀쪽 맞젖힘)

흑1에 백2로 귀쪽 맞젖힘도 일책이다. 흑3에 끊으면 이하 8까지 필연으로 기억해둔다.

흑9로 잇고 11로 귀를 지키면 간명한데 백12로 상변 모양을 구축하면 AI 시각에서 백이 약간 활발하다.

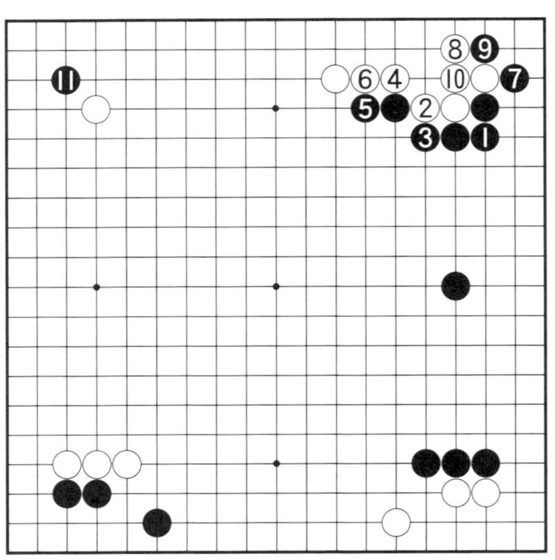

26도(흑, 변에서 주도)

앞 그림 백2 때 흑1의 이음은 귀보다 변에서 국면을 주도하려는 뜻이다. 백도 2, 4로 귀와 변을 연결하면 간명하다.

이하 10까지 정리된 후 흑도 10의 침입으로 전환하면 AI 시각에서 호각으로 본다.

2부

화점·소목에서 걸침 포석

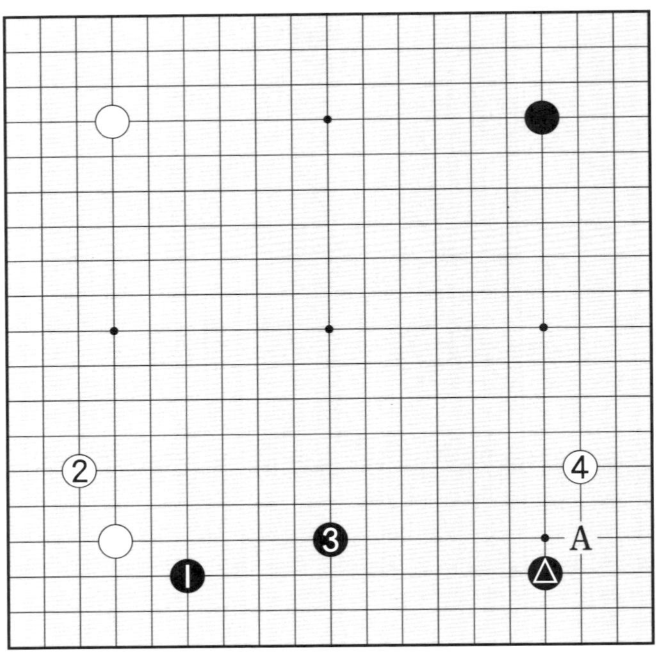

흑△의 내향 소목에서 1, 3의 포진을 '고바야시 포석'
이라 한다. 일본의 고바야시 9단이 애용해서 붙은 이름
이며 AI 시각에서 일순위 포석은 아니지만 걸침을 유도
해 주도권을 쥐겠다는 뜻이다.

여기서는 백4의 눈목자걸침이 주제인데, 우선 흑A의
마늘모 지킴 이후 포석 변화에 대해 알아본다.

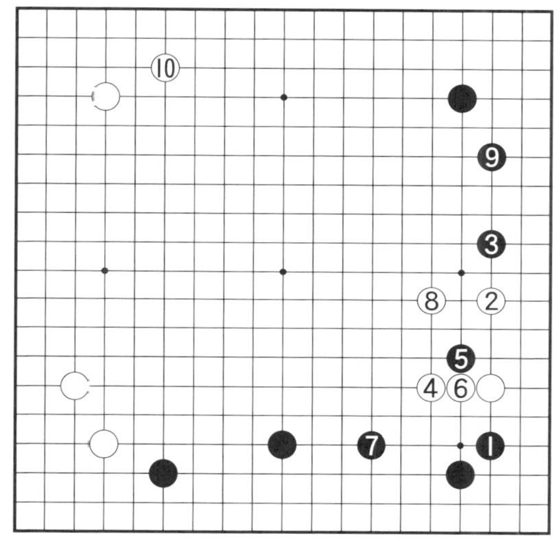

1도(과거형 변화)

소목 눈목자걸침에 흑이 귀를 중시한다면 1의 마늘모 지킴이 간명하다.

백 2의 두칸벌림 이후 10까지 과거에 많이 두던 안정적 변화인데, AI 시각은 모양을 구축한 흑이 불만 없다고 본다.

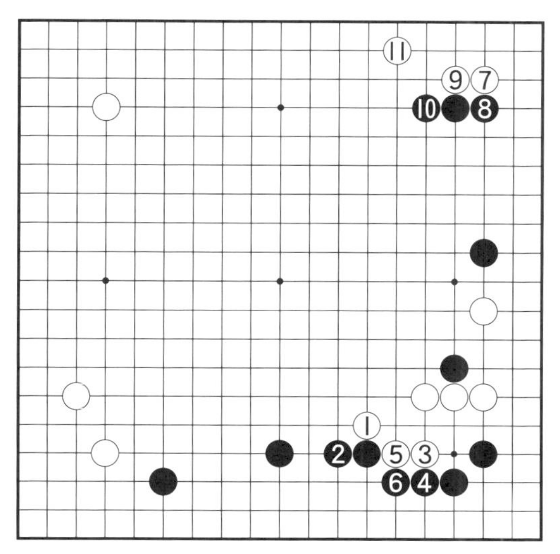

2도(효율적 전환)

앞 그림 흑7 때 AI 시각에서는 백1로 붙여 흑2에 백3, 5를 활용해놓고 7의 침입으로 전환하는 것이 효율적이다. 이하 11까지 되고나서~

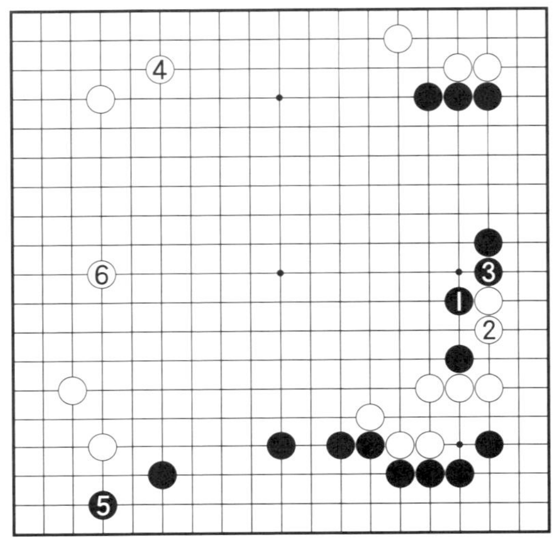

3도(서로 진영을 키움)

흑1, 3은 우변을 두텁게 정리하려는 뜻이다.

백도 4로 큰 자리를 굳히고 흑5와 백6으로 서로 진영을 키우면 AI 시각에서 백이 약간 편한 국면으로 본다.

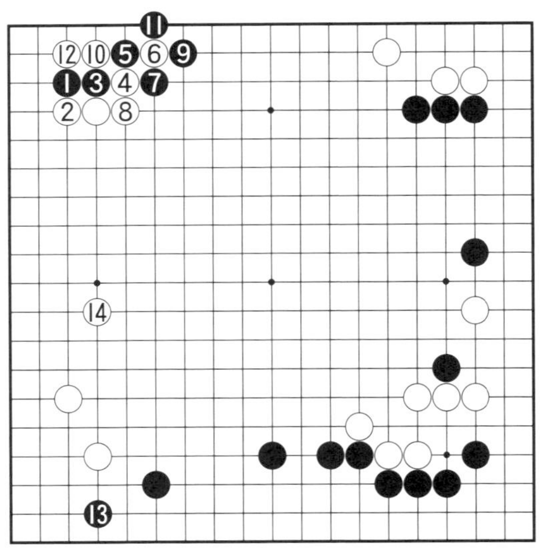

4도(일순위 선택)

2도 다음 AI의 일순위 선택은 흑1의 침입이다.

이하 14까지 백도 적절한 정석 선택을 하며 진영을 정리하면 불만 없는 국면으로 본다.

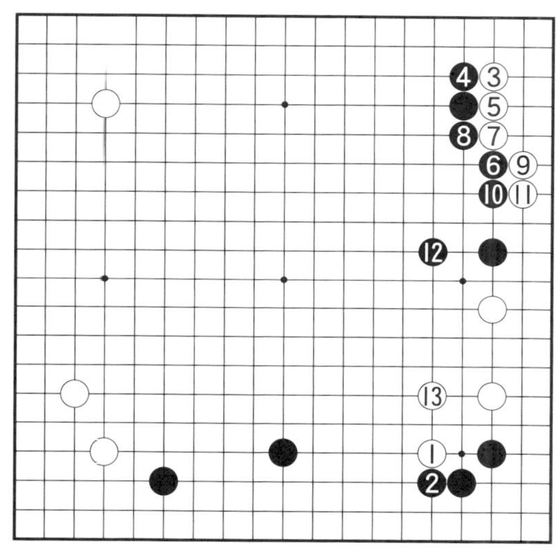

5도(일치감치 활용)

1도 흑3 때도 일치감치 AI는 백1의 활용을 권한다.

흑2로 받으면 백3에 침입한 후 13까지 유력한 변화인데 형세는 거의 어울렸다.

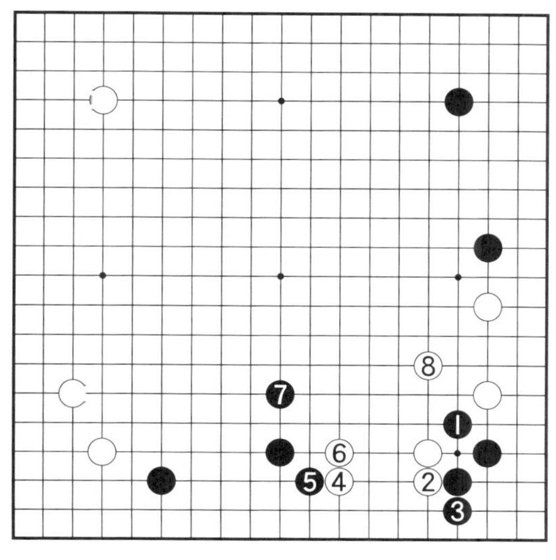

6도(백, 가벼운 타개)

백의 활용에 흑1로 나오면 백도 2, 4로 하변을 도모한다. 흑5, 7의 공격에는 백8로 우변과 연계해서 가볍게 움직이면 AI 시각에서 충분한 타개로 본다.

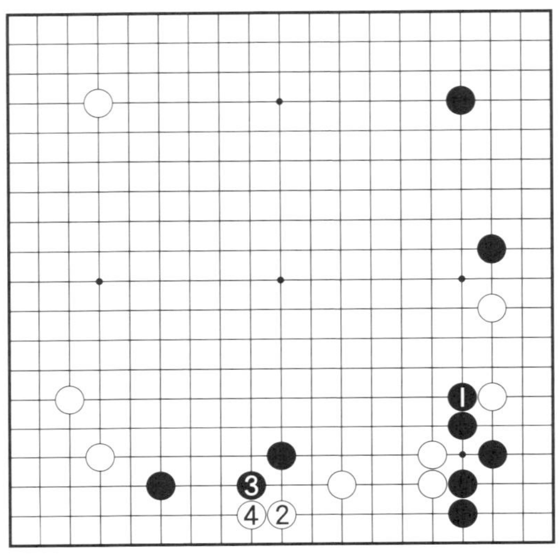

7도(하변에 근거를 마련)

앞 그림 백4 때 흑1로 우변부터 공격하면 백은 아랑곳하지 말고 2, 4로 하변에 근거를 마련해서 충분하다.

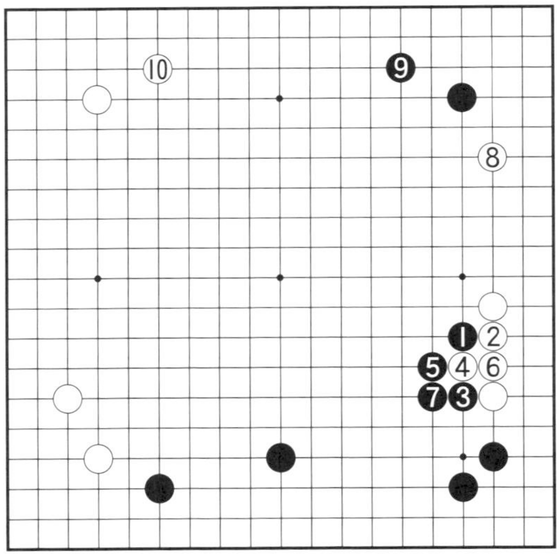

8도(흑, 두터운 세력)

1도 백2 때 흑1, 3으로 하변을 확장해서 중앙을 도모하면 백은 어떻게 대처할까.

백4, 6으로 끼워 잇고 나서 10까지 진행되면 하중앙에 두터운 세력이 형성된 흑이 활발하다.

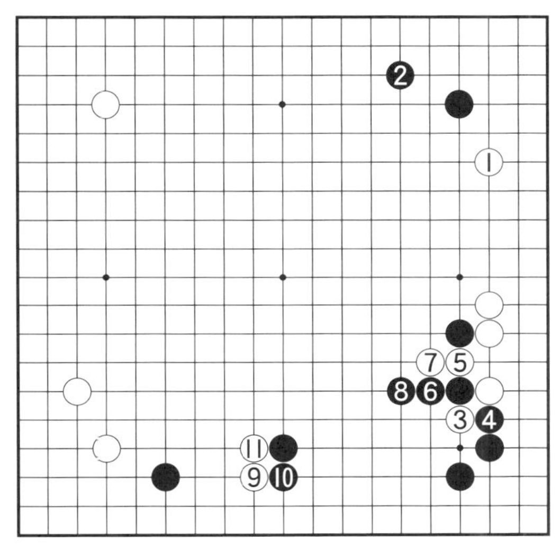

9도(유력한 방안)

앞 그림 흑3 때 백1로 걸쳐놓고 흑2로 받으면 백3 이하 7까지 결정한 후 9로 침입하는 것이 AI의 유력한 방안이다.

　흑10에 백11로 움직이면 형세는 아직 팽팽하다.

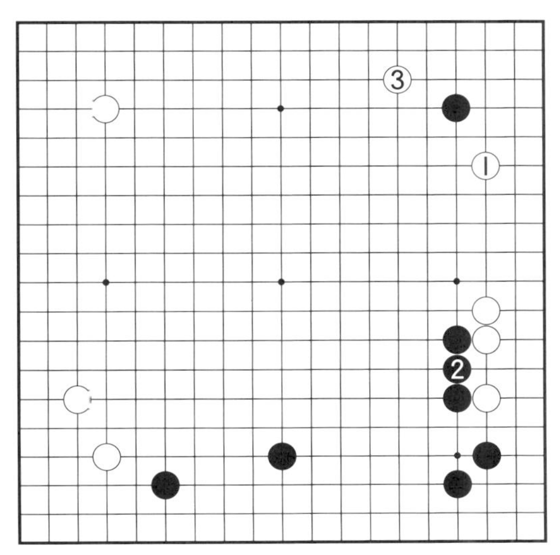

10도(흑, 두터운 선택)

백1에는 흑2의 이음도 중앙을 중시하는 두터운 선택이다.

　백3으로 양걸침하면 거의 팽팽한 국면이다.

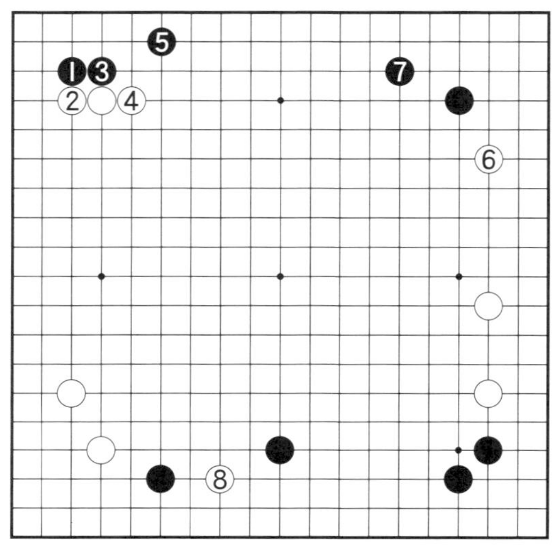

11도(AI 사고방식)

1도 백2 때 흑1의 침입으로 전환하는 것도 AI 시대의 사고방식이다.

백2로 막은 후 8까지 유력한 변화인데, 흑이 실리로 앞서가지만 하변에 백이 침입해서 균형이 잡혀있다.

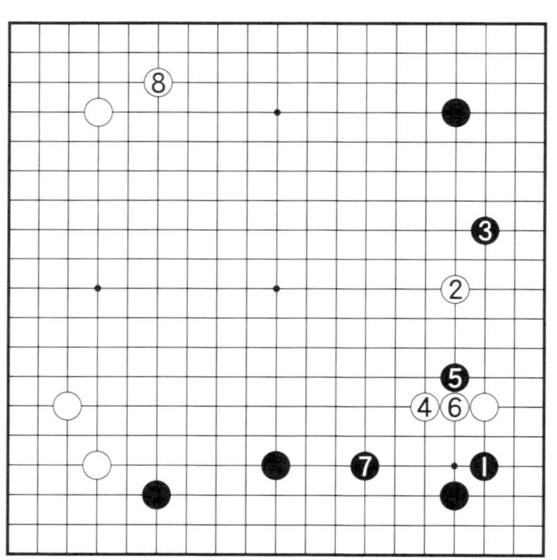

12도(높게 벌리는 경우)

이번에는 흑1에 백2로 높게 벌리는 경우에 대해 알아보자.

흑3에 다가서는 것이 AI의 일순위 추천이며 이하 8까지 모범 변화인데 서로 어울렸다.

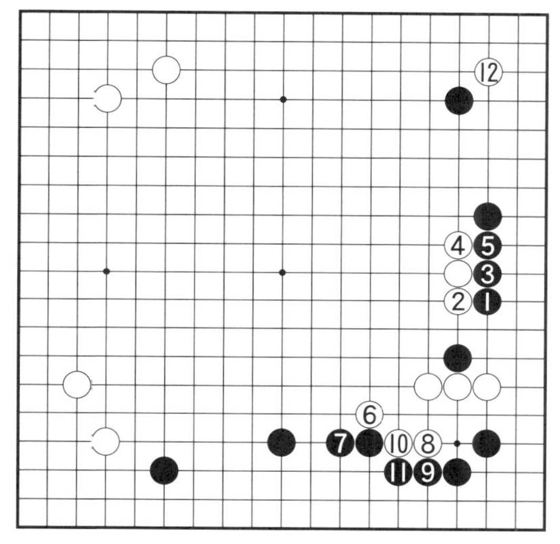

13도(흑이 침입하는 경우)

이다음 흑1로 침입하면 백2 이하 10까지 위에서 우변과 하변을 가볍게 활용한 후 12의 침입으로 전환해서 백이 충분한 진행이다.

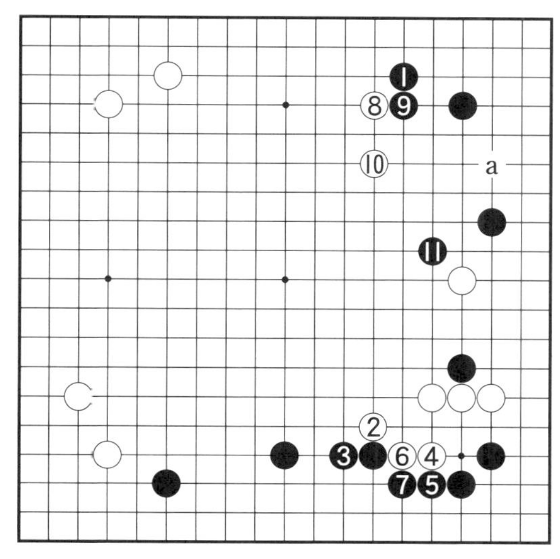

14도(유력한 변화)

12도 다음 흑1의 굳힘이 우선이다.

이하 11까지 AI의 유력한 변화이며 아직 팽팽한 대결이다.

수순 중 백8의 어깨 짚음은 a의 침입도 주도적 구상이다.

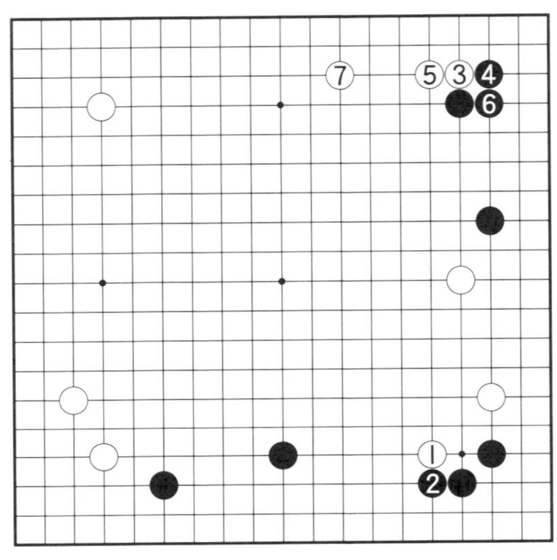

15도(유력한 응수타진)

12도 흑3 때 백1의 응수타진도 유력한 방안이다. 흑2에 받으면 백3으로 전환해서 7까지 상변에 정착하면 서로 무난한 진행이다.

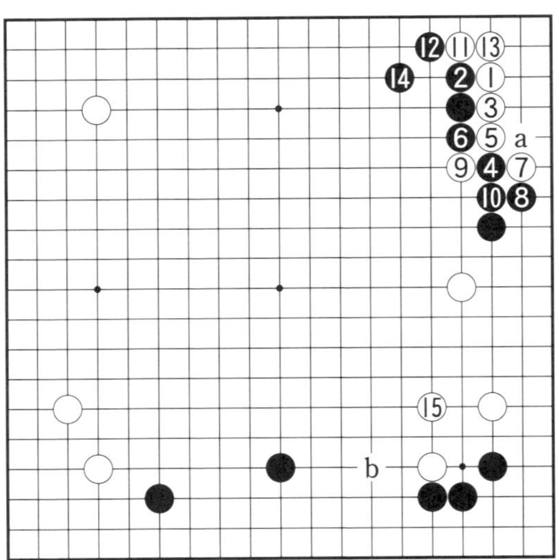

16도(백이 침입하는 경우)

앞 그림 흑2 때 백1의 침입이면 흑2로 막은 후 15까지 보편적 변화이다. 귀는 허용했지만 a로 한점 잡는 것이 선수인 만큼 바깥이 두터운 흑도 불만 없다.

수순 중 백15는 하변인 b로 향할 수도 있다.

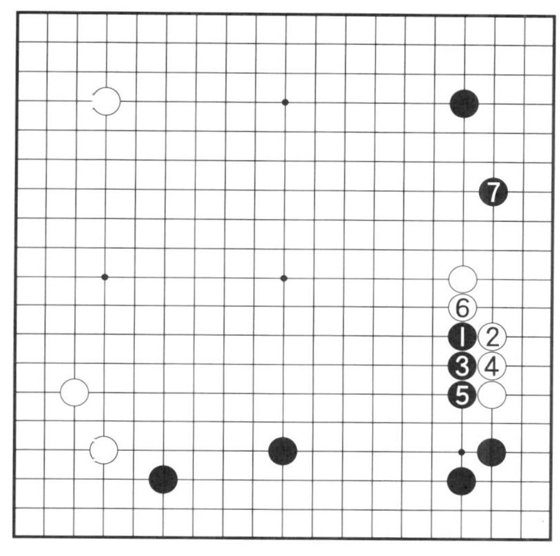

17도(흑의 책략)

12도 백2 때 흑1의 높은 침입은 백2로 받으면 흑3, 5로 눌러 하변 모양을 키우려는 책략이다. 백6에 흑7로 다가서면 흑의 뜻대로 불만 없는 진행이다.

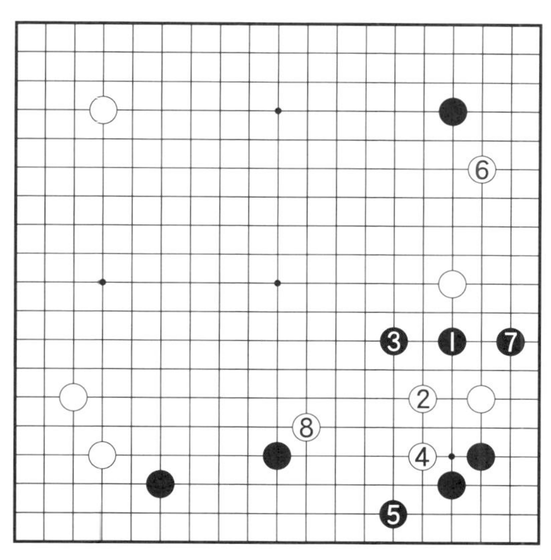

18도(백, 능동적 나감)

흑1에는 백2로 나가는 것이 능동적이며 이하 8까지 AI의 유력한 변화인데 서로 팽팽한 싸움이다.

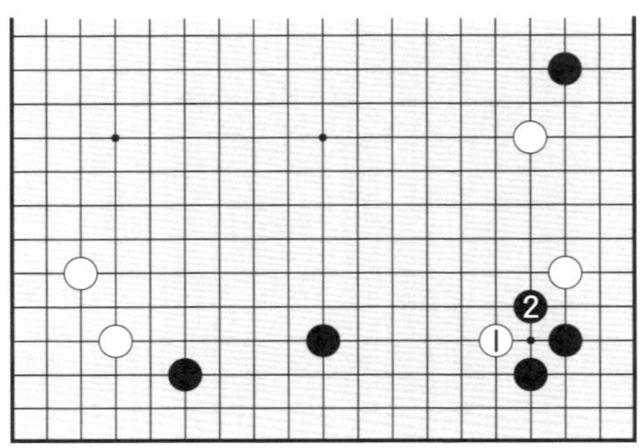

▦ 장면

이 장면(본형 15도 참조)에서 백1에 흑2로 나가면 어떤 변화가 일어날지 생각해 보자.

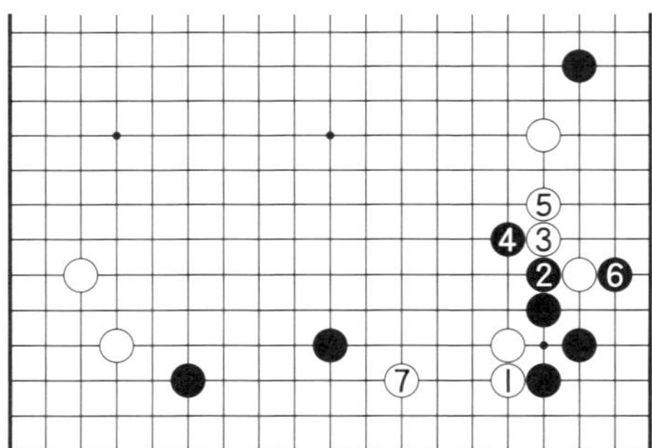

1도(팽팽한 싸움)

백1에 막은 후 7까지 AI가 제시하는 공방인데 분주한 모습이지만 팽팽한 싸움으로 진단한다.

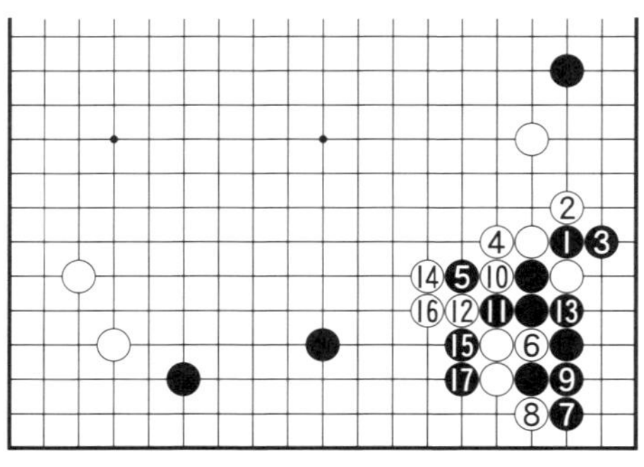

2도(모범 정리법)

앞 그림 백3 때 흑1로 끊으면 백2, 4에 흑5로 나간 후 17까지 AI의 모범 정리법이다. 흑의 실리와 백의 세력으로 타협된 모습이며 서로 어울린 국면으로 본다.

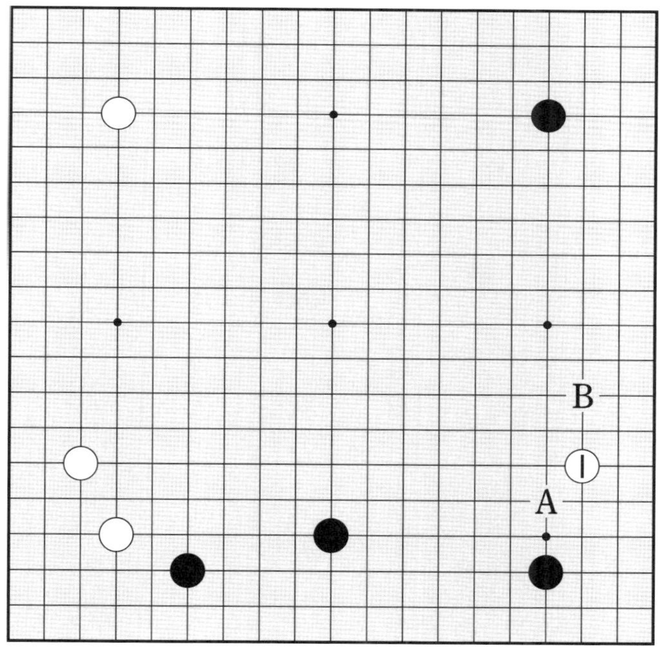

고바야시 포석의 2번째 주제로 백1의 눈목자걸침에서 흑A의 한칸 수비를 주로 다루고 B의 협공은 핵심만 보여준다.

흑A는 하변을 중시하는 행마이며 흑B는 공격을 통해 전체 국면을 주도하려는 발상인데 이후 포석 변화에 대해 알아본다.

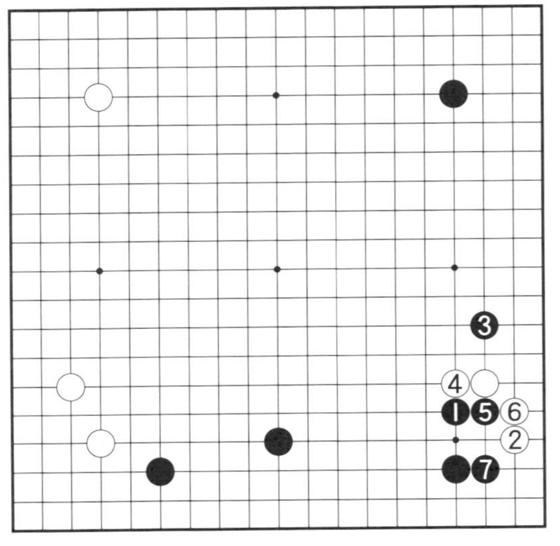

1도(귀의 수비법)

흑1의 한칸에는 백2의 날일자달림이 근거의 요소이다. 이때 흑3의 배후 협공이 하나의 방안인데 백4로 나가면 흑5, 7의 쌍립이 귀의 수비법이다.

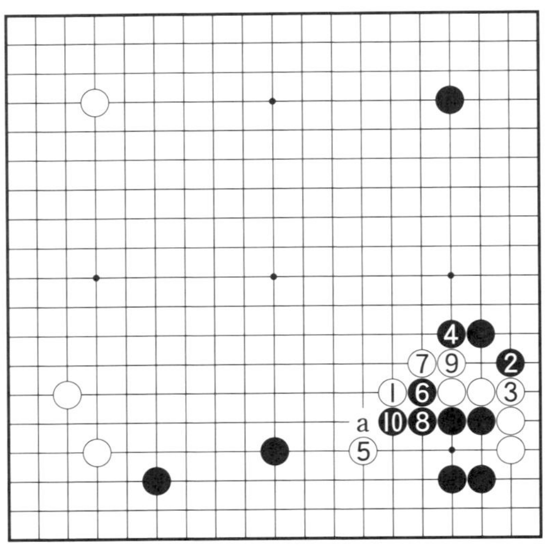

2도(알려진 독수)

이다음 백1로 뛰면 흑2, 4가 상대 행마를 옥죄는 독수(毒手)로 알려졌다.

대표적인 예로 백은 5로 하변에 진입하고 싶지만 흑6에 끼운 후 10까지 추궁하면 백이 a로 막을 수 없어 불리해진다는 이유였다.

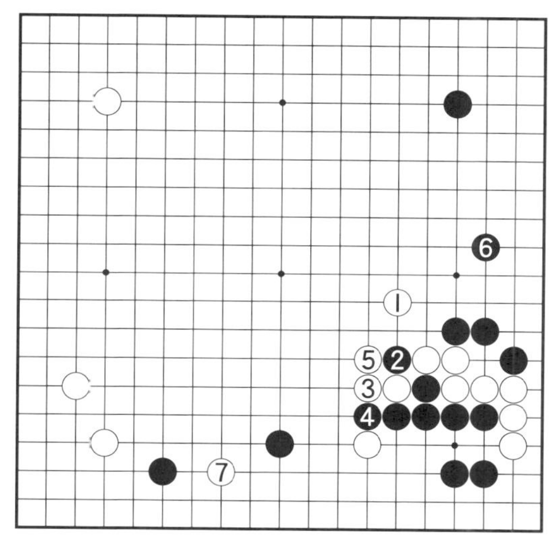

3도(안전한 중앙 지킴)

실은 이 다음 백도 1로 중앙을 지키는 것이 안전하다.

이하 6까지 AI의 유력한 변화인데, 흑의 양쪽 모양도 보기 좋게 정리되지만 백도 중앙이 두터워졌고 7로 침공하면 충분하다고 본다.

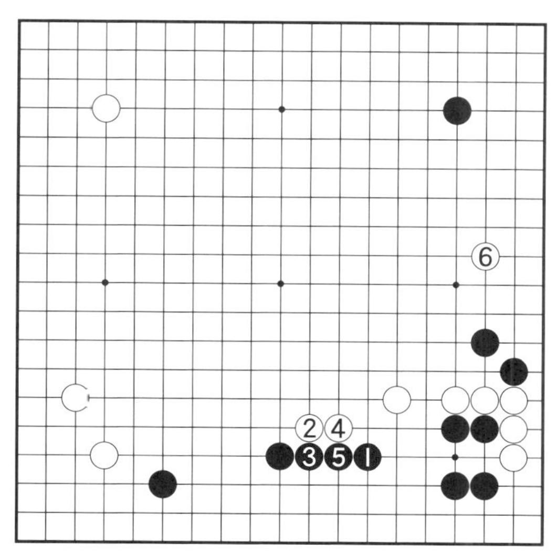

4도(능률적 싸움 유도)

2도 백3 때 하변 흑1로 받으면 무난하다.

백2는 흑3에 받으면 백4도 확실하게 선수하고 6에 협공해서 능률적인 싸움을 유도하기 위함이다.

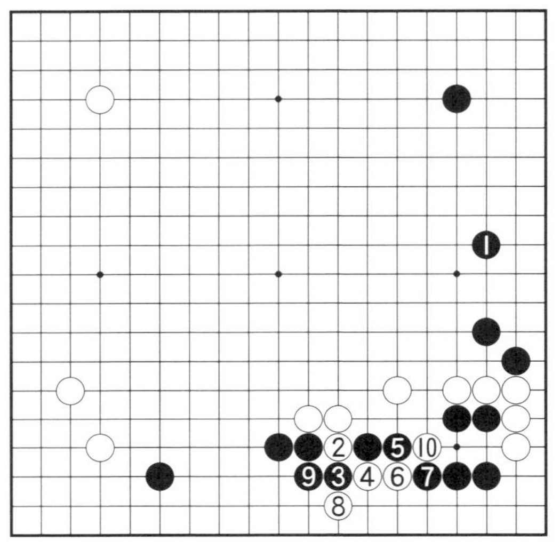

5도(모양의 맥점)

앞 그림 백4 때 흑1로 벌리면 우변은 안전하지만 백2 이하 하변의 약점을 추궁해가며 10으로 끊는 것이 모양의 맥점이다.

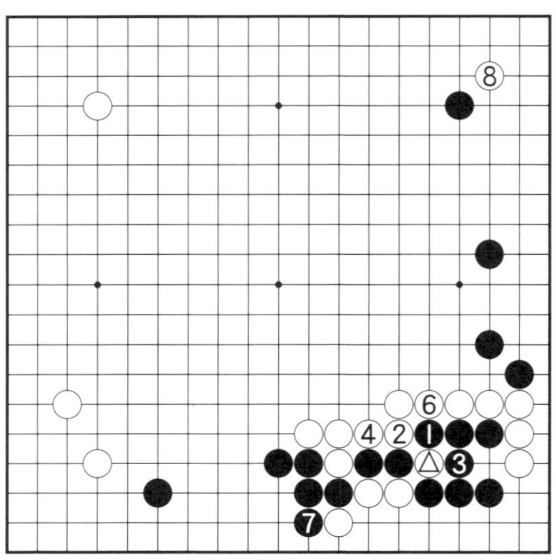

6도(백, 두터운 활용)

이다음 흑1에 백2 이하 6까지 조여 틀어막은 후 8의 침입으로 전환하면 AI 시각에서 두텁게 활용한 백이 약간 활발한 진행이다. 수순 중 흑7을 생략하면 백이 그쪽으로 나가 활용하면서 우하귀까지 연동돼 흑이 위험하다.

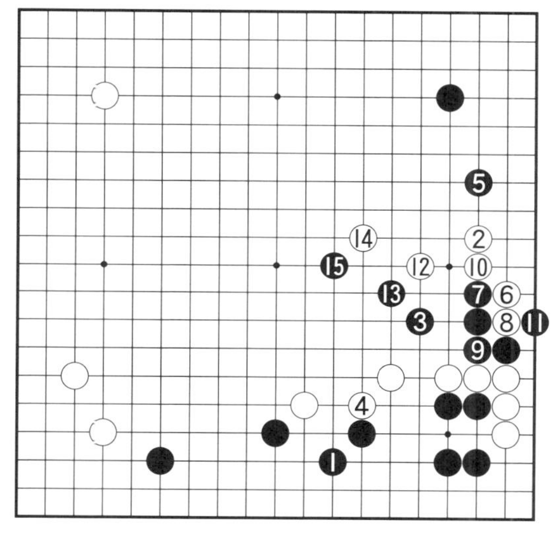

7도(안정적 지킴)

4도 백2 때 흑1의 마늘모가 안정적 지킴이다.

백2로 협공하면 흑3에 띈 후 15까지 AI의 유력한 변화인데 팽팽한 싸움으로 본다.

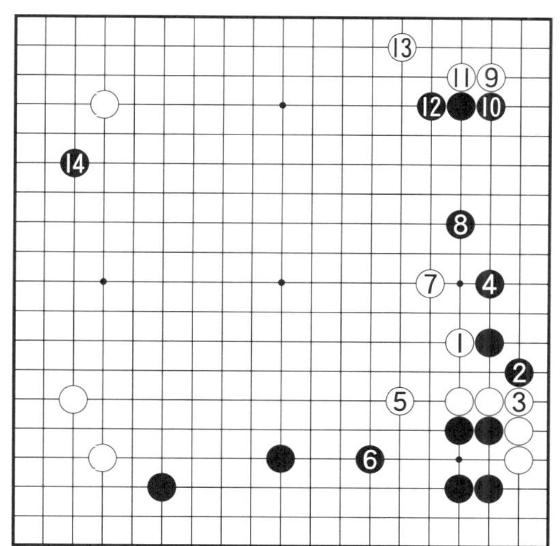

8도(무난한 발상)

거슬러 올라가 1도 다음 백1의 붙임도 일책이다. 이하 8까지 서로 정리하고 나서 백9의 침입으로 전환하는 흐름은 과거에도 많이 두던 발상인데 AI도 무난한 변화로 인정한다. 흑10, 12로 처리한 후 14의 걸침이면 형세는 거의 호각이다.

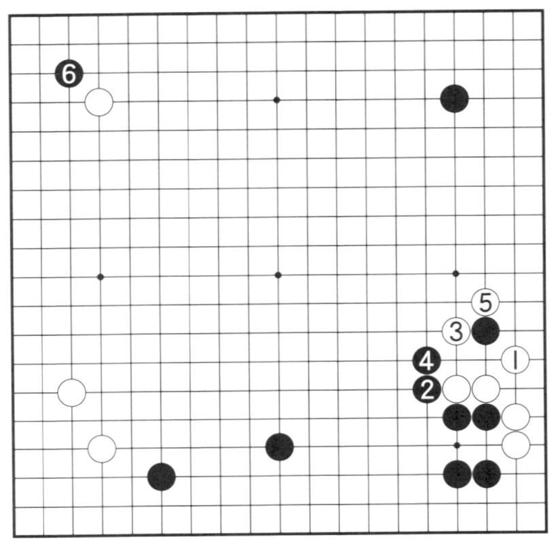

9도(백, 자체 안정)

1도 다음 백1의 호구는 자체 안정부터 꾀하는 수단이다.

흑은 2, 4로 하변을 키우며 6의 큰 자리로 전환해서 국면을 주도한다. 백도 우변을 안정해서 앞서는 형세는 아니지만 거의 타협된 모습이다.

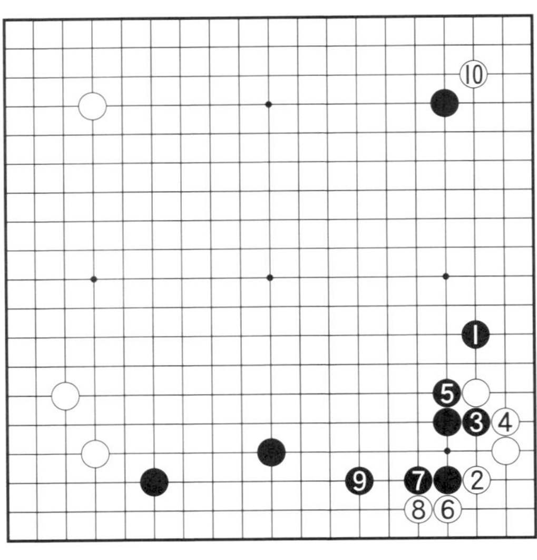

10도(백, 유리)

거슬러 올라가 흑1의 협공 때 백2의 붙임이 귀의 급소로 이 상황에서 유력한 방안이다.

이때 흑3, 5로 틀어 막고 9까지 되면 흑 모양의 입체성이 약하다. 백10의 침입으로 전환하면 AI 시각에서 백이 유리한 진행이다.

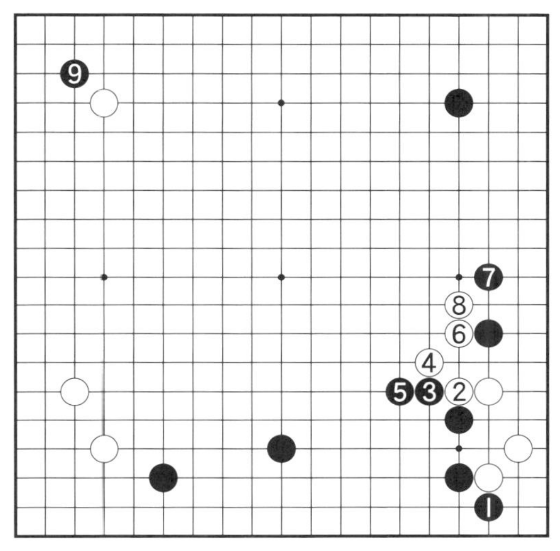

11도(백, 두터운 정리)

앞 그림 백2 때 흑1의 젖힘이 효율적 대응이며 이하 9까지 AI의 유력한 변화이다. 백은 바깥으로 나가며 두텁게 정리했고 흑은 하변이 부풀고 있지만 아직 완전하지 않아 백이 약간 편하다고 본다.

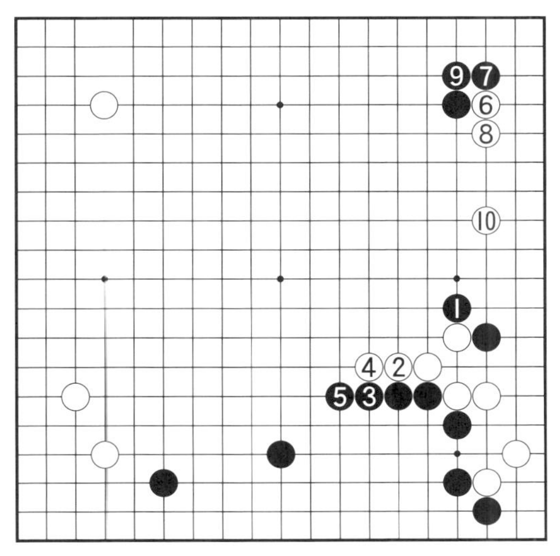

12도(백, 우변 통제)

앞 그림 백6 때 흑1로 젖히면 이하 5까지 하변은 완성형으로 흘러가지만, AI 시각에서는 백6에 붙인 후 10까지 우변을 통제하면 백이 활발한 국면으로 본다.

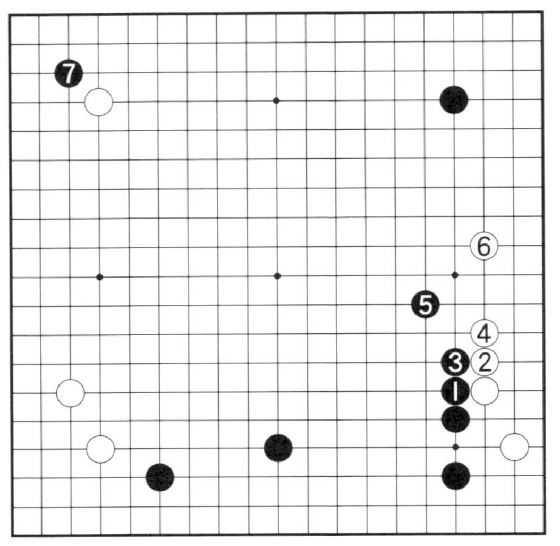

13도(균형이 잡힌 진행)

1도 백2 때 흑이 두텁고 간명하게 두자면 1 이하 5로 키워놓고 7로 전환하는 것도 유력한 방안이다.

백도 우변 실리가 견실해서 균형이 잡힌 진행이다.

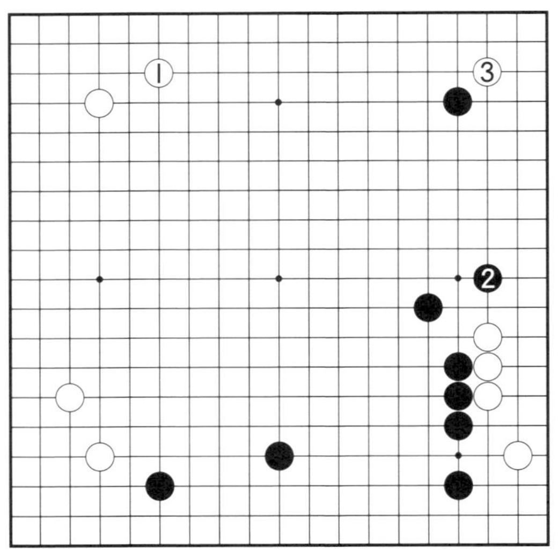

14도(굳힘부터 둘 경우)

앞 그림 흑5 때 백1의 굳힘도 큰 자리이다.

흑2로 차단해도 우변 백은 아직 버틸 수 있으므로 3의 침입으로 맞서면 서로 팽팽하다.

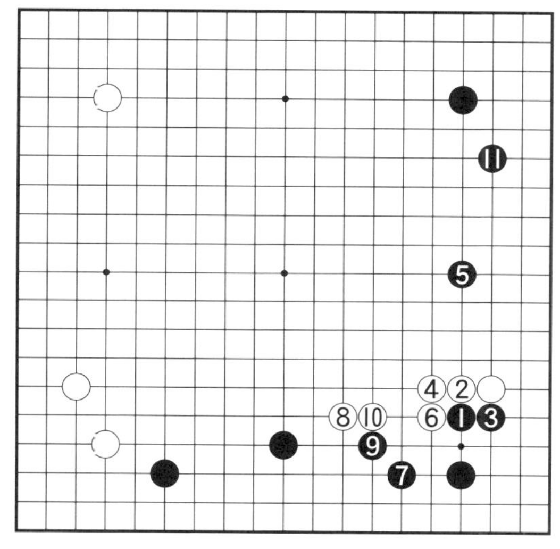

15도(유행했던 변화)

되돌아가서 흑1에 위쪽 백2로 미는 수도 일책이다. 흑3으로 귀에서 막은 후 11까지 예전에 유행했던 변화인데 AI 시각에서도 호각으로 인정한다.

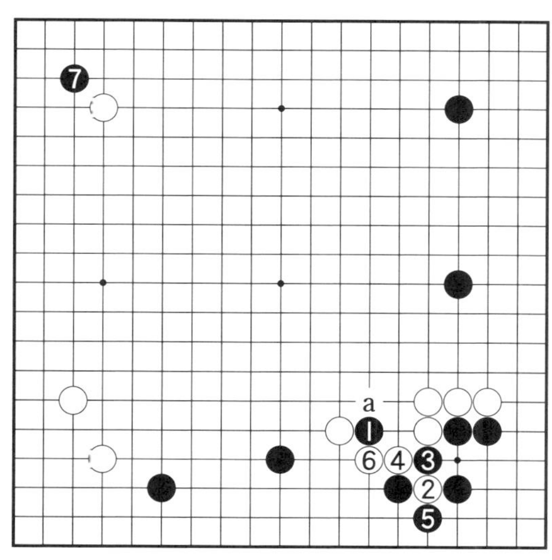

16도(끼움의 경우)

앞 그림 백8 때 흑1로 붙이면 어떨까. 이때 백2로 끼우는 맥을 구사하면 흑3에 백4, 6으로 한 점을 차단할 수 있지만 AI 시각에서는 귀가 견실해졌고 a로 움직이는 맛도 남은 만큼 흑이 7의 침입으로 전환하면 유리하다고 본다.

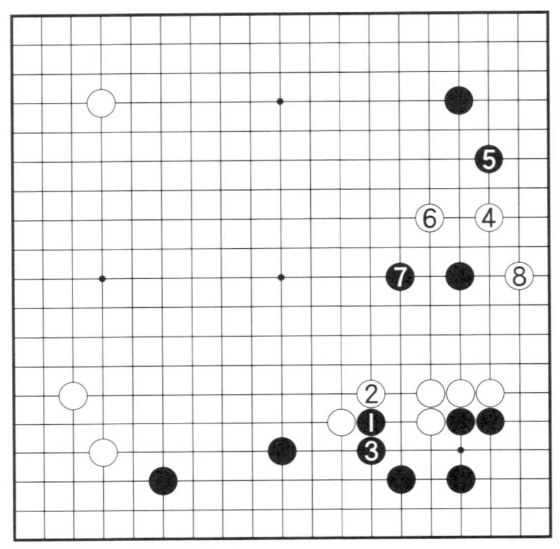

17도(효과적 대안)

흑1에는 단순히 백2를 선수한 후 4의 협공이 AI의 효과적 대안이다.

이하 8까지 되면 AI 시각에서 백이 우변을 주도해서 불만 없는 진행이다.

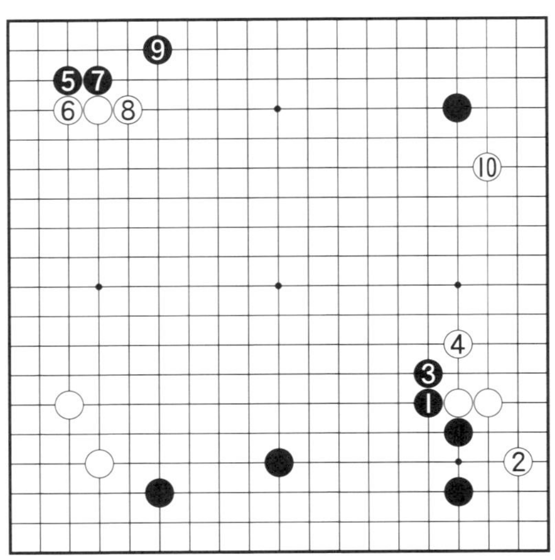

18도(흑, 힘찬 젖힘)

15도 백2 때 흑1의 젖힘도 힘찬 대응인데 백이 귀를 중시하면 2로 달린다.

흑3의 뻗음은 중앙 대세점이며 이하 10까지 AI의 유력한 변화인데 거의 타협된 국면이다.

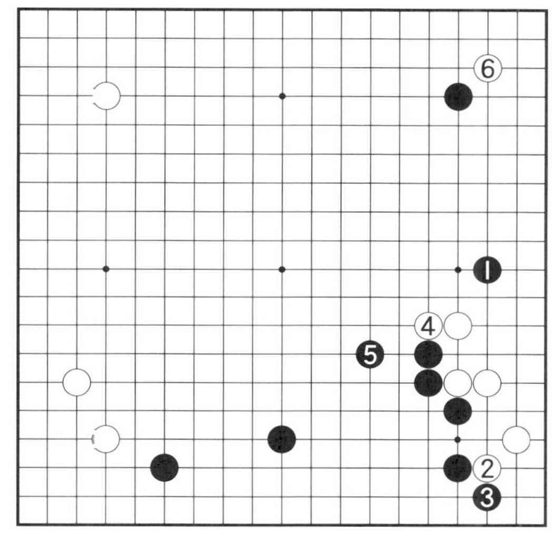

19도(공격적 발상)

앞 그림 백4 때 흑1로 다가서고 백2의 활용 다음 4에 흑5로 뛰는 것도 양쪽을 두려는 공격적 발상이다.

백은 우변이 급하지 않으므로 6의 침입으로 전환하면 서로 균형이 잡힌 진행이다.

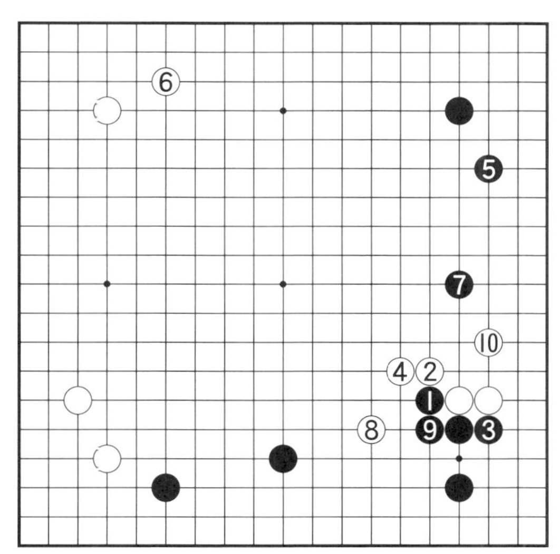

20도(백, 되젖힘)

흑1에 백2로 되젖히면 흑3에 막는 것이 효과적이며 백도 4로 뻗는 것이 힘차면서 효율적 행마이다.

다음 흑5로 굳히면 간명하며 이하 10까지 AI의 무난한 변화인데 서로 영토가 정리된 모습이며 호각이다.

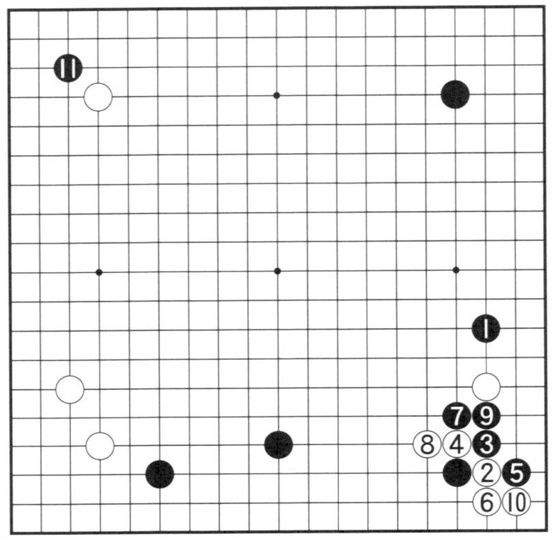

21도(협공하는 경우)

처음으로 돌아와서 눈목자걸침에 흑1로 협공하는 경우도 알아보자.

백2로 3三에 붙이면 이하 10까지 상용 수순인데, AI 시각에서는 이 정도로 타협한 후 흑11의 침입으로 전환해도 호각으로 판단한다.

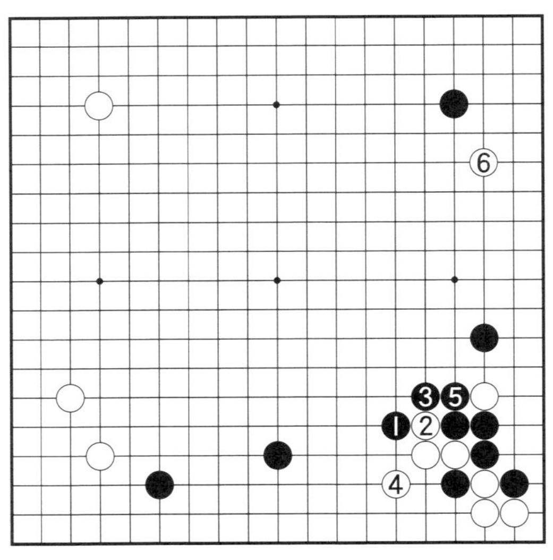

22도(알려진 정석에서)

앞 그림 백10 때 흑1로 씌운 후 5까지도 이미 알려진 정석이다.

우변 흑진이 강하므로 백6의 걸침으로 견제하면 AI의 진단은 역시 호각이다.

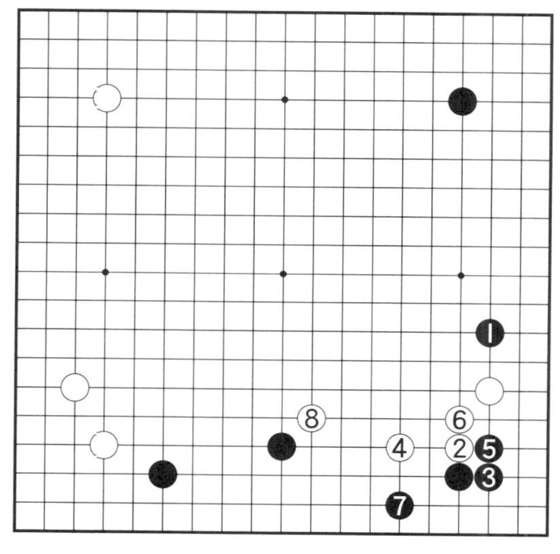

23도(위로 붙이는 경우)

흑1에 백2로 위쪽 붙임 인 경우 흑3으로 귀에 늘면 이하 8까지 무난한 변화로 AI 시각에서 비 슷한 형세로 보지만 백 이 중앙으로 타개하는 박진감이 돋보인다.

수순 중 백2에 흑5로 젖히면 백3에 끊어 21 도나 22도로 환원된다.

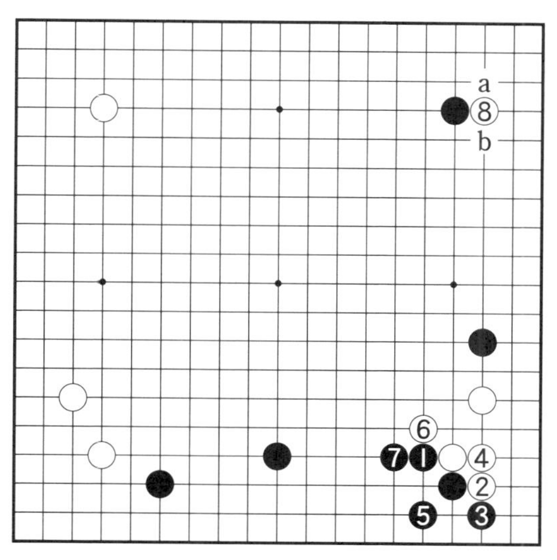

24도(흑, 변에서 젖힘)

앞 그림 백2 때 흑1로 변쪽 젖힘이면 이하 7까 지 수순이 보편적이다.

AI는 백의 다음수로 8의 붙임을 추천하며 흑 이 a나 b의 어느 쪽으로 대응하든 백이 불만 없 는 국면으로 본다.

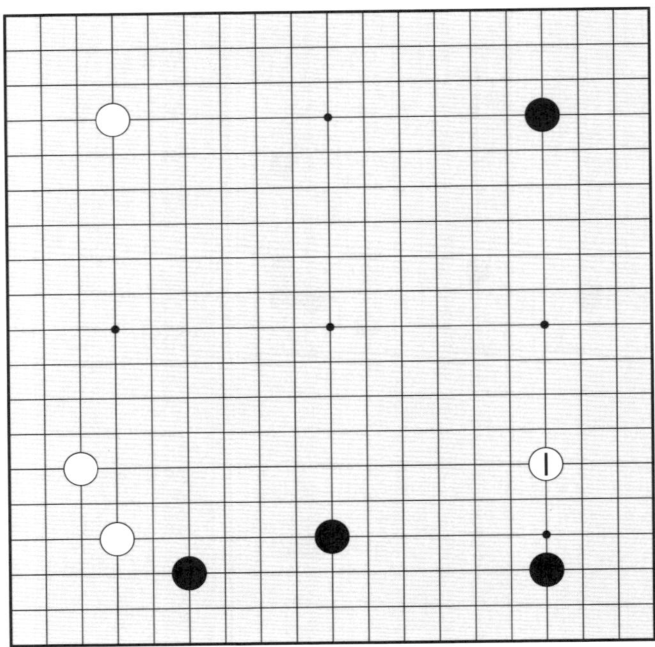

　　이번에는 고바야시 포석의 3편인데 백1의 소목 두칸 걸침이 주제이다. 눈목자와 더불어 이 구도에서 많이 사용했던 걸침으로 중앙도 중시하면서 가볍게 처리하겠다는 유연한 수단이다.

　　흑은 귀의 지킴이나 협공으로 대응할 수 있는데 이후 포석 변화에 대해 알아본다.

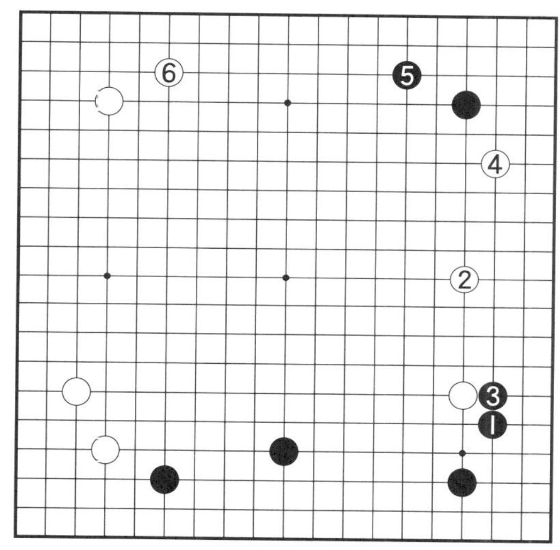

1도(과거의 흐름)

귀에서 흑1의 날일자 지킴이면 백2로 가볍게 벌린 후 흑3에 백4, 6으로 국면을 넓게 사용하는 것이 과거의 흐름이었다. AI 시각에서 이 진행은 호각으로 본다.

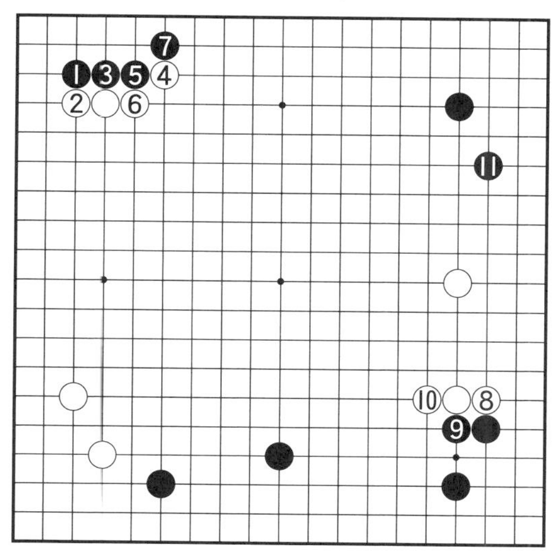

2도(AI 변화)

앞 그림 백2 때 흑1의 침입으로 전환한 후 11까지는 AI가 제시하는 변화이다.

이 진행이면 형세는 비슷해도 실리가 충실한 흑한테 2% 정도 가산점을 준다.

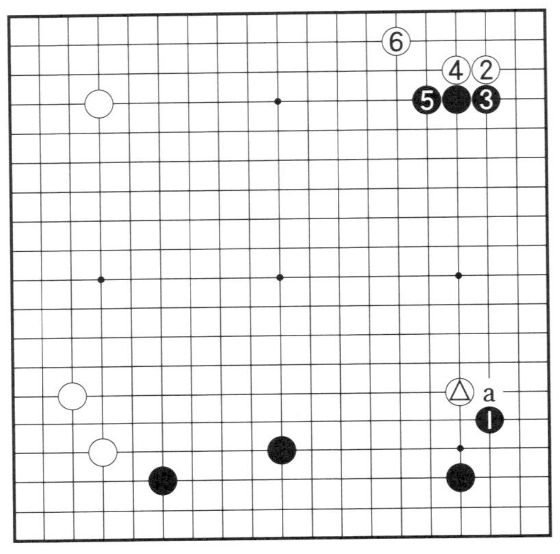

3도(AI의 주특기)

흑1에 백2의 침입으로 먼저 전환하는 것도 일책이며 이하 6까지 상형이다.

이때 백△는 소목 날 일자굳힘에 어깨짚은 형태와 동일한데 AI의 주특기 아니던가. 참고로 흑1에 백a로 막으면 9형 15도로 환원된다.

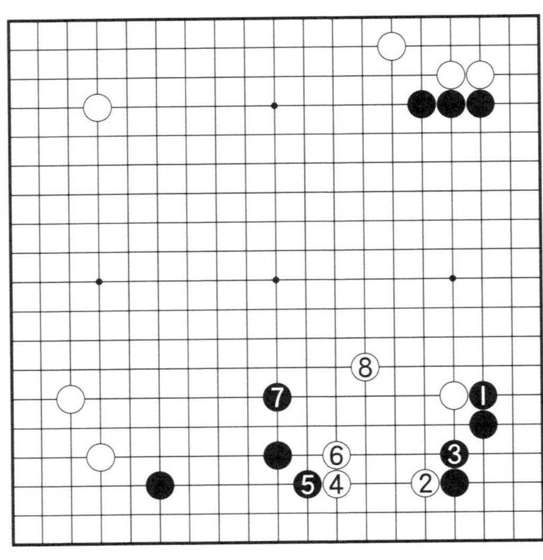

4도(고지식한 행마)

이다음 흑1로 미는 것은 고지식한 행마이다.

하변 백2의 붙임이 이런 형태의 활용법인데 이하 8까지 되면 AI 시각에서 백이 약간 활발하다.

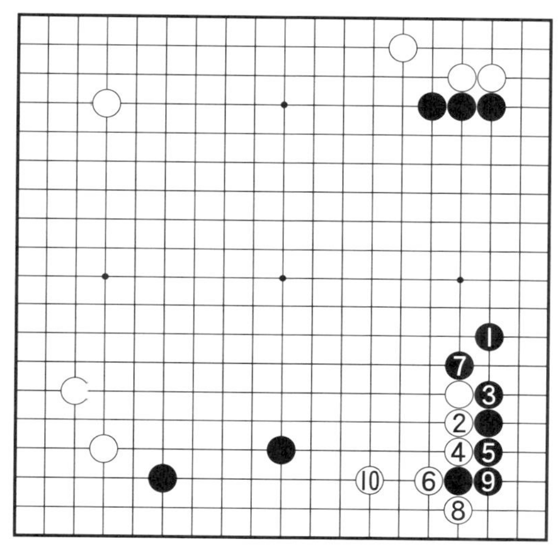

5도(유연한 벌림)

3도 다음 흑1의 묘한 벌림이 AI가 추천하는 유연한 발상이다.

백2 이하 10까지 이어서 제시하는 변화인데, 흑은 우변을 두텁게 처리했고 백도 하변에 자리 잡아서 균형이 잡힌 진행이다.

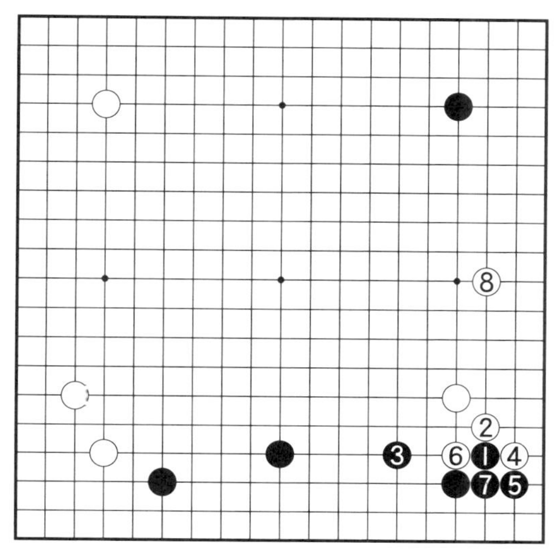

6도(흑, 마늘모 지킴)

처음으로 돌아가서, 흑1의 마늘모는 가장 안정적 지킴인데 백도 2로 붙인 후 8까지 우변에 정착하면 불만 없다.

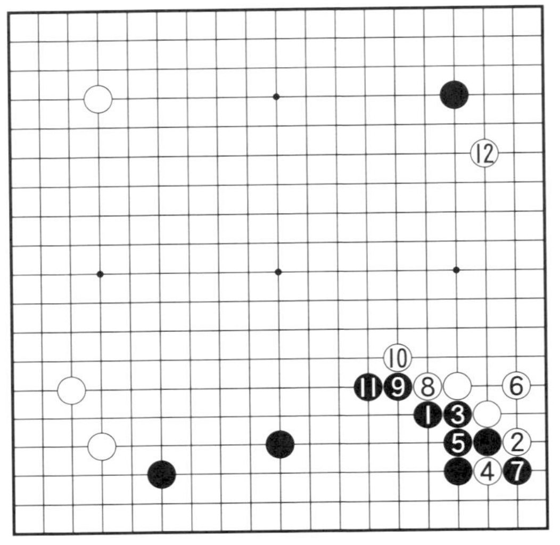

7도(흑, 날일자 행마)

앞 그림 백2 때 중앙을 향한 흑1의 날일자 행마는 하변을 최대한 키우려는 뜻이다.

백2로 젖힌 후 11까지 AI가 제시하는 공방인데 다음 백12로 우변을 넓혀 맞서면 팽팽한 진행이다.

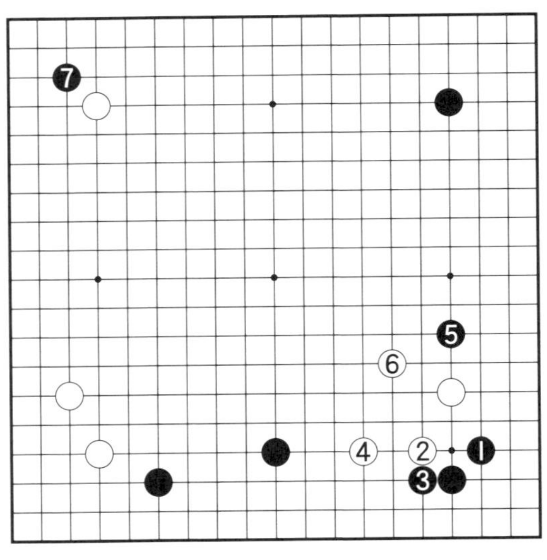

8도(백, 하변 견제)

흑1에 백2의 날일자는 하변을 먼저 견제하려는 유력한 발상이다.

흑3, 5로 추궁한 후 7의 침입으로 전환하면 역시 팽팽한 진행이다.

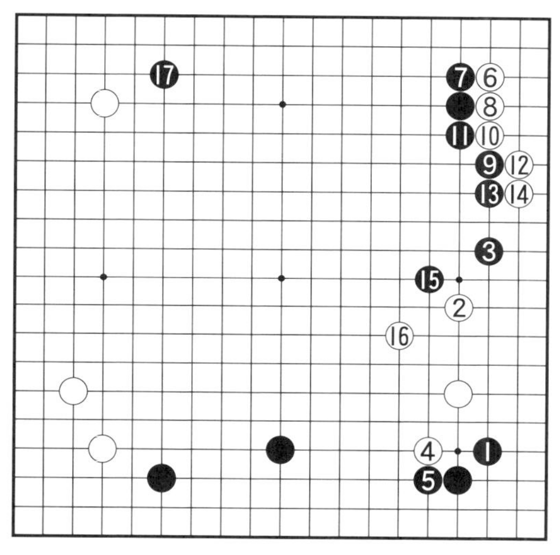

9도(가벼운 행마법)

흑1에 백2의 벌림도 가벼운 행마법이다. 흑3에 다가서면 백4를 하나 활용한 후 6의 침입이 기민하다. 흑7로 막은 후 17까지 AI의 유력한 변화인데 백이 견실한 반면 흑도 상변을 폭넓게 사용해서 서로 어울린 국면이라 본다.

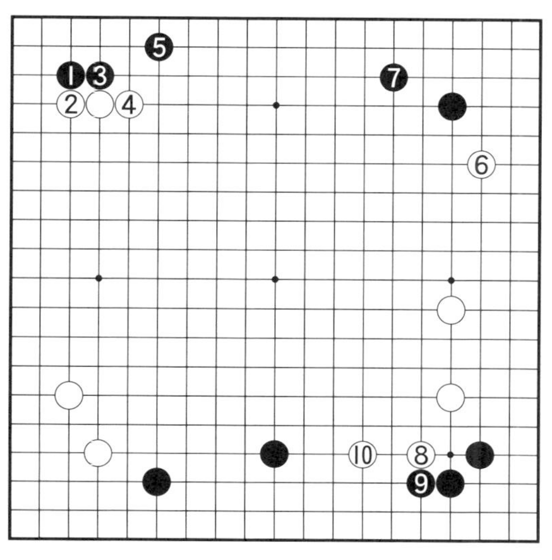

10도(흑, 3三침입)

앞 그림 백2 때 먼저 흑1의 3三침입도 일책이다.

백2, 4 다음 6으로 걸친 후 10까지 AI의 유력한 변화이며 서로 어울렸다.

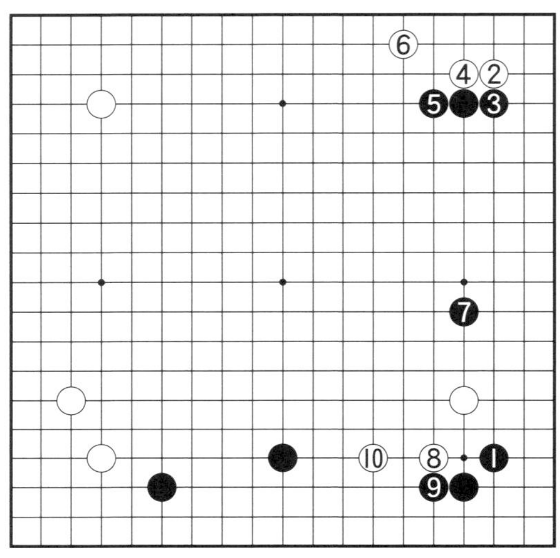

11도(AI식 실리 전법)

흑1에 백도 먼저 2로 침입하는 것이 AI식 실리 전법이다.

흑3, 5 다음 7로 추궁하면 백8, 10으로 모양을 정돈해서 충분하다.

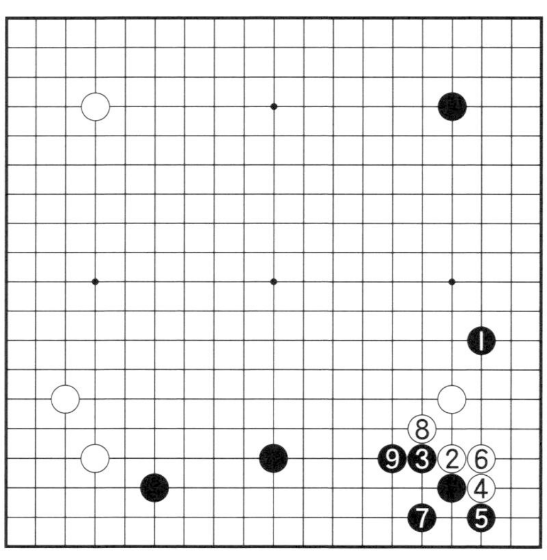

12도(협공하는 경우)

처음으로 돌아가서, 흑1로 협공하면 백2의 붙임이 AI의 일순위 타개법이다.

흑3에 젖히면 이하 9까지 서로 필연의 정리법이다.

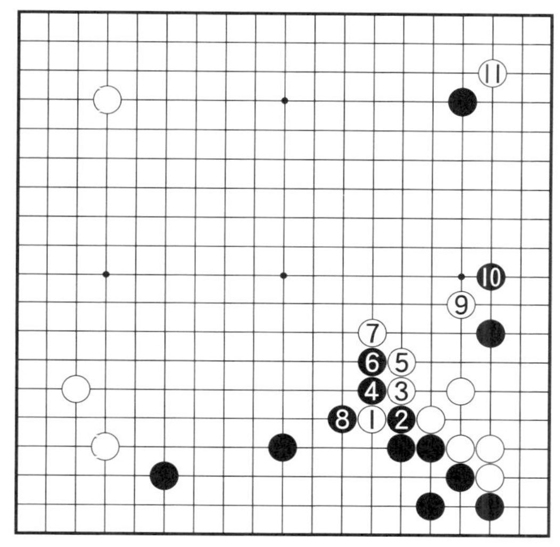

13도(백, 활발)

이 다음 백1로 씌우는 것은 모양을 효과적으로 정리하기 위함이다.

흑2, 4의 끊음이 기세인데 백5 이하 9까지 선수한 후 11의 침입으로 전환하면 AI 시각에서 백이 활발한 국면으로 본다.

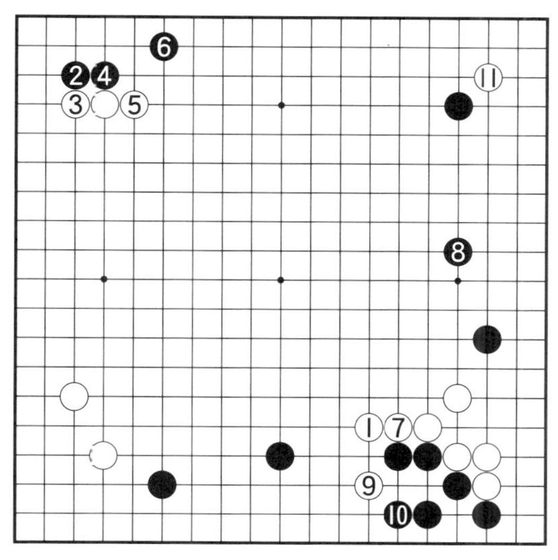

14도(기민한 활용)

백1 이후의 리듬을 주지 않기 위해 흑2의 침입 전환도 생각할 수 있다. 백3, 5 다음 7로 두텁게 틀어막으면 흑8로 우변을 보강한다.

백9가 하변의 기민한 활용이며 11로 전환하면 AI 시각에서 백이 약간 활발하다.

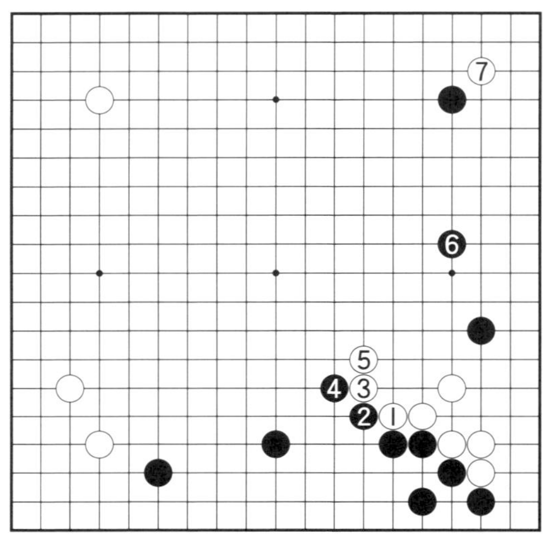

15도(백, 두터운 수법)

12도 다음 백1로 밀어도 5까지 자연스럽게 중앙에 두터운 모양을 갖출 수 있다.

흑도 6으로 우변을 보강하고 백7로 침입하면 AI 시각에서 거의 무난한 타협이다.

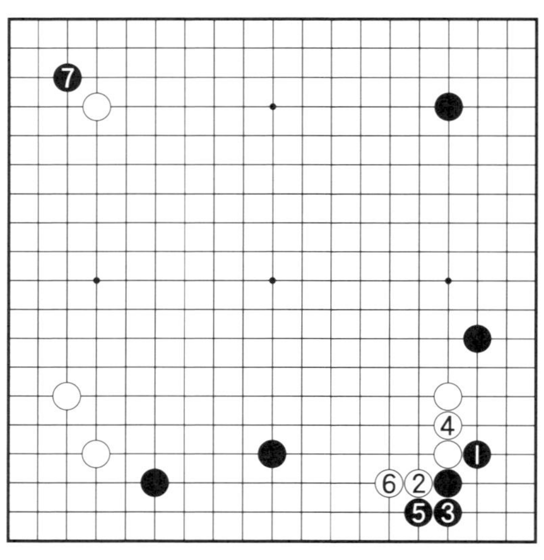

16도(흑, 귀쪽 젖힘)

12도 백2 때 흑1로 귀쪽에서 젖히면 백도 2로 맞젖힌 후 6까지 서로 무난한 처리이다.

흑7의 침입으로 전환하면 거의 호각이다.

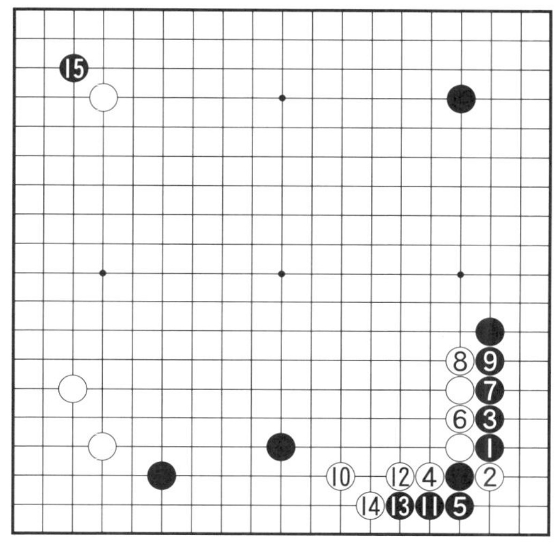

17도(백, 유력한 끊음)

흑1에 백2의 끊음도 유력하다. 흑3에 나간 후 14까지 AI가 제시하는 변화인데, 흑이 견실한 실리에 15의 침입으로 전환할 수 있지만 백도 중앙이 두터워져서 불만 없다.

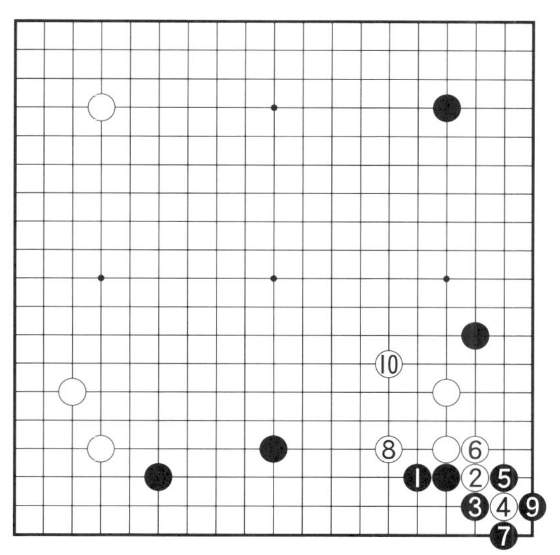

18도(효과적 이단젖힘)

12도 백2 때 흑1로 변에 늘면 백2, 4의 이단젖힘이 효과적 대응이며 이하 10까지 정돈되면 양쪽 변이 약해진 흑이 약간 불리한 진행이다.

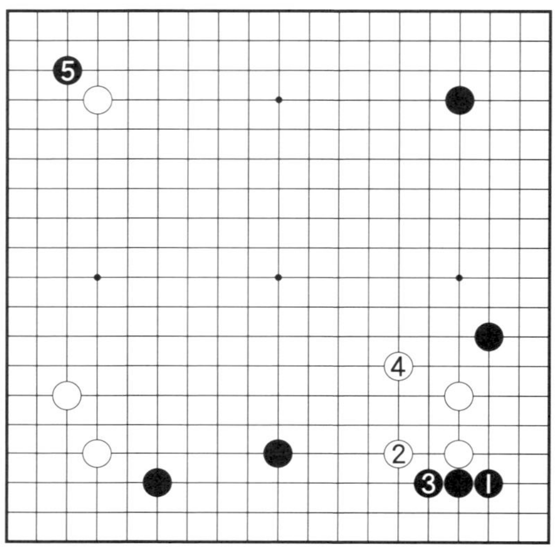

19도(흑, 안정적 선택)

12도 백2 때 흑1로 귀 쪽에 느는 것이 가장 안정적 선택이며 백2, 4로 모양을 갖출 때 흑5의 침입으로 전환하면 AI 시각에서 거의 타협된 진행이다.

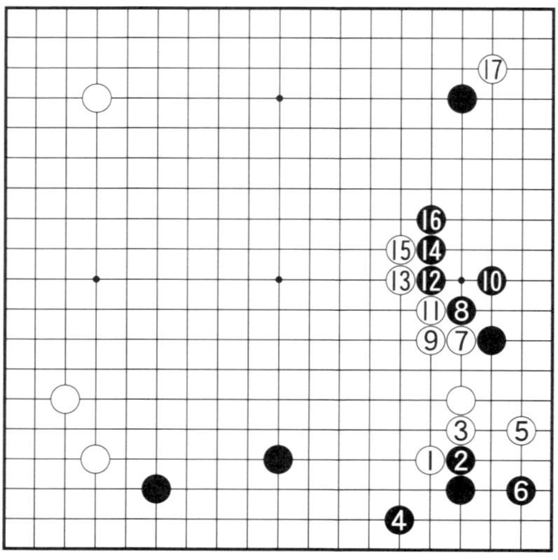

20도(백, 변쪽 날일자)

되돌아가서 흑이 협공할 때 백1의 변쪽 날일자 행마도 일책인데 흑2, 4가 간명한 행마법이며 이하 16까지 서로 무난한 공방이다. 다음 백17로 전환하면 형세는 거의 대등하다고 본다.

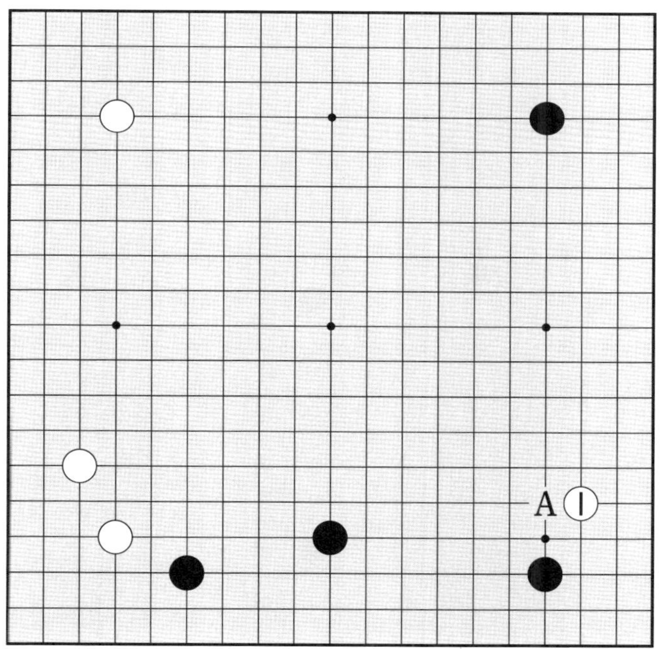

고바야시 포석의 4편. 예전에는 백1의 날일자걸침이나 A의 한칸걸침으로 하변이 강한 흑진에 접근하는 것은 손해라는 이론이 상식이었는데 AI의 영향으로 이 구도에서도 백1이나 A의 걸침이 유력한 신형으로 등장했다. 우선 백1의 날일자걸침 이후 포석 변화에 대해 알아본다.

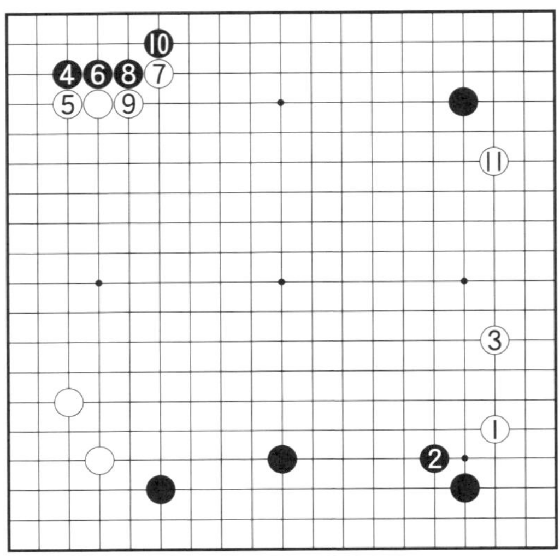

1도(무난한 변화)

백1의 날일자걸침에 흑2의 마늘모 수비는 강한 맛은 없지만 가장 견실하며 백3에 벌리면 흑4로 침입해서 이하 10까지 AI시대의 보편적 진행이다.

　백11로 걸쳐 우변을 넓히면 서로 진영을 나누며 무난한 변화이다.

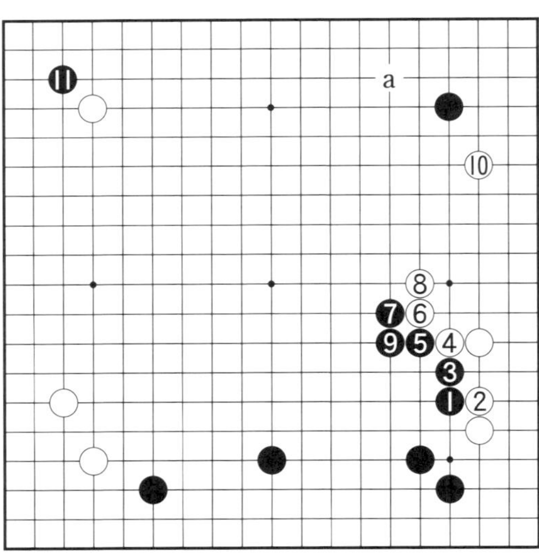

2도(모양 대결)

앞 그림 백3 때 흑1, 3으로 눌러간 후 9까지 하변을 키우면 백도 10으로 우변을 넓혀서 서로 모양 대결이다.

　AI 시각에서 흑의 다음수로 a의 무난한 받음보다 11의 침입이 우선이며 이 변화도 거의 호각이다.

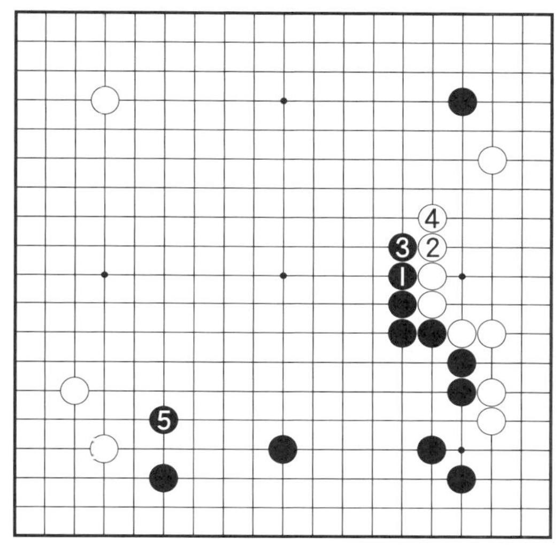

3도(일방가 우려)

앞 그림 백10 때 흑1, 3
으로 중앙을 밀어놓고 5
로 하변을 더욱 키우는
것도 호방한 발상인데
자연히 우변 백 모양도
커지며 일방가라는 위험
도 따른다.

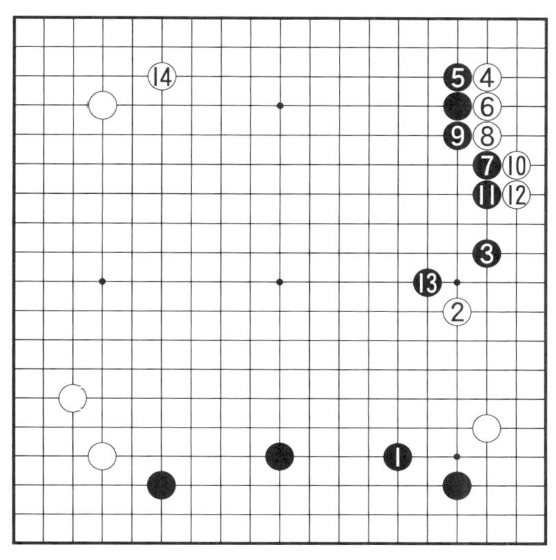

4도(날일자 수비에서)

처음으로 돌아가서, 흑1
의 날일자 수비에는 백2
의 세칸높은벌림을 많이
둔다.

이때 흑3에 다가서면
백4의 침입이 노출되며
이하 14까지 AI의 유력
한 변화인데 실리가 충
실한 백이 약간 편하다.

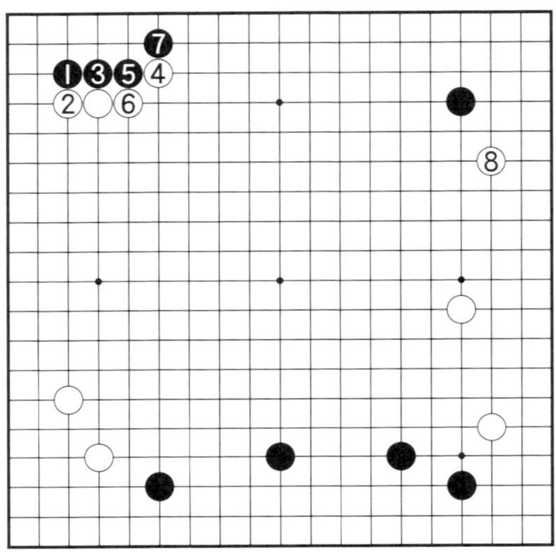

5도(일순위 침입)

앞 그림 백2 때 흑도 1
의 3三침입으로 전환하
는 것이 일순위이다. 이
하 7까지 되고나서 백8
로 우변을 넓히면 거의
균형이 잡힌 진행이다.

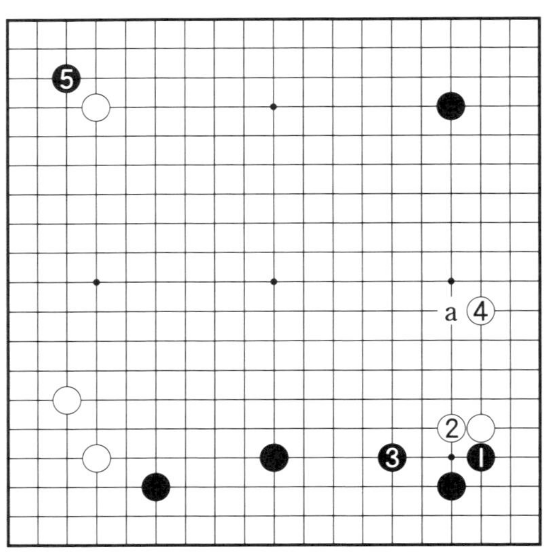

6도(귀를 지키는 경우)

흑1, 3으로 처음부터 귀
를 확실히 지키는 방법
도 생각할 수 있다.

백4(또는 a)로 벌리
면 흑5의 침입이 일순위
인데 백도 우변이 안정
되어 불만이 없다.

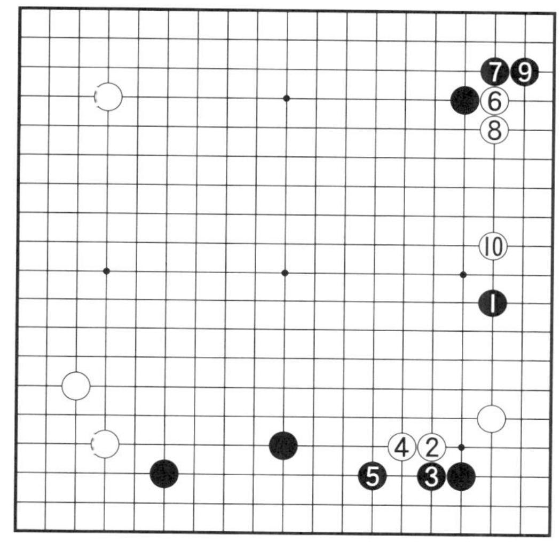

7도(세칸협공의 경우)

이 포진에서 협공에 대해 알아보자. 흑1의 세칸협공이면 백2의 씌움으로 간단히 해결된다.

흑3, 5로 받으면 무난한데 백6의 붙임이 AI의 추천 일순위이며 흑7로 귀에서 받으면 이하 10까지 백이 우변을 주도해서 약간 활발하다.

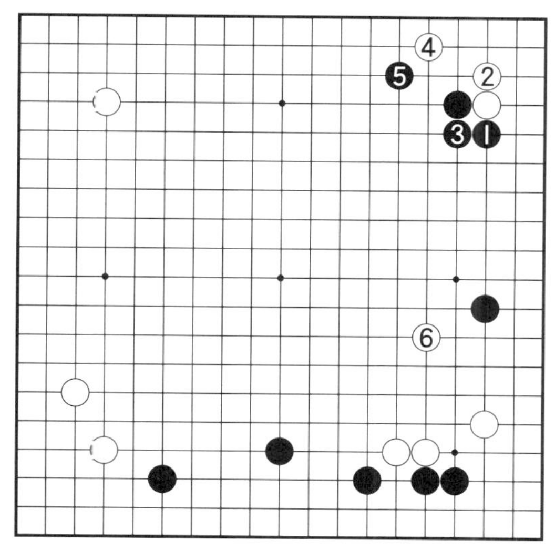

8도(백, 활발)

앞 그림 백6 때 흑1로 변에서 받고 5까지 눌러오면 백은 귀에서 안정한 후 6으로 우변 흑세를 견제해서 활발한 진행이다.

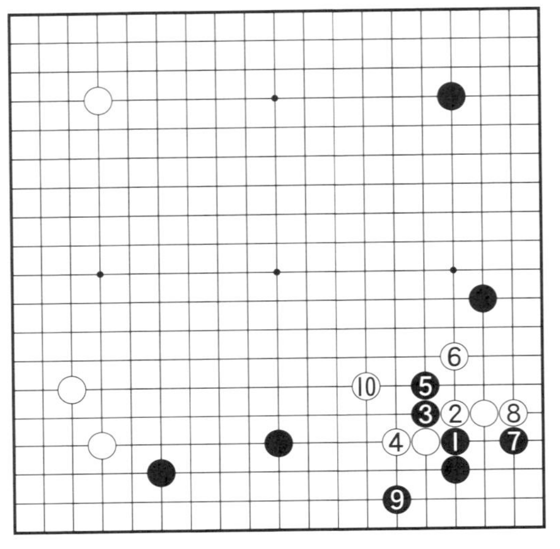

9도(백, 국면 주도)

7도 백2 때 흑1, 3으로 끊으면 백4로 늘고 나서 이하 10까지 싸울 공간이 확보된 백이 약간이라도 활발하게 국면을 주도할 수 있다.

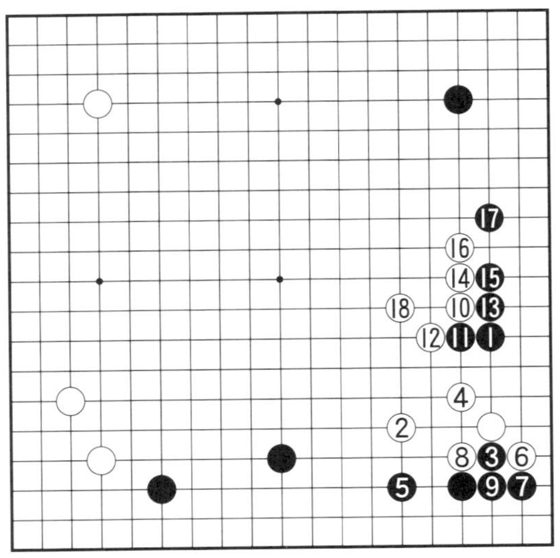

10도(두칸협공의 경우)

되돌아가서 흑1의 두칸협공이면 백2로 가볍게 뛰는 행마가 유력한 대응이다.

흑3으로 붙인 후 9까지 귀의 공방을 거친 후 백10으로 어깨 짚고 이하 18까지 두텁게 정리하면 AI 시각에서 백이 불만 없다.

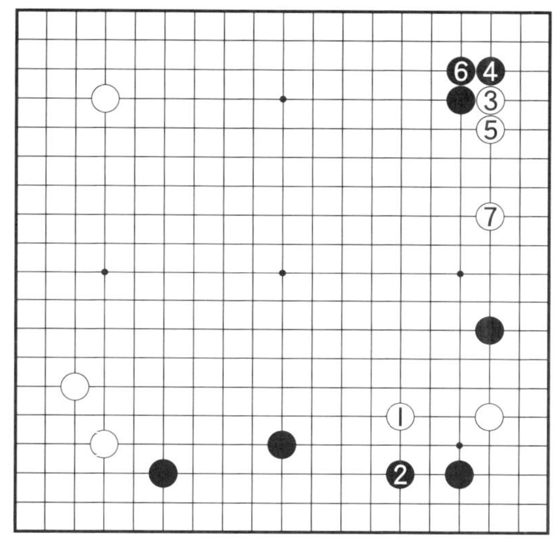

11도(능동적 화점 붙임)

백1에 뛸 때 흑2로 변에서 받는 것이 가장 무난하다.

백도 손을 돌려 3의 화점 붙임이 귀와 변의 안정을 맞보는 능동적 방안이며 이하 7까지 정리되면 서로 어울린 국면이다.

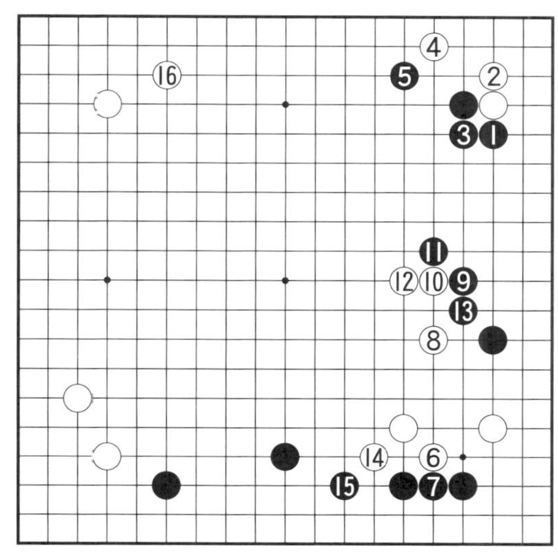

12도(흑, 우변 중시)

앞 그림 백3 때 흑이 우변을 중시하면 1 이하 5로 모양을 키우며 귀를 압박하는 것도 일책이다. 백6, 8로 중앙에서 가볍게 움직이며 14까지 활용한 후 16의 굳힘. AI의 경쾌한 변화인데 서로 타협된 흐름이다.

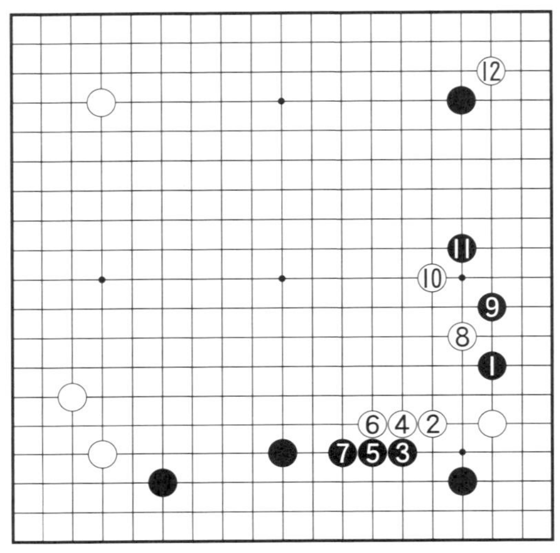

13도(한칸협공의 경우)

흑1의 한칸협공이라면 AI가 제시하는 알기 쉬운 대책이 있다.

백2 이하 6까지 밀어 놓고 8, 10으로 우변도 눌러간 후 12로 침입하면 백이 불만 없는 진행이다.

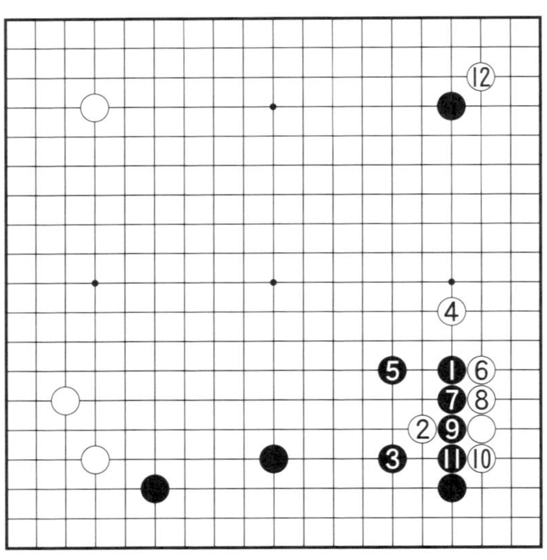

14도(흑, 한칸높은협공)

흑1의 한칸높은협공이라면 백2로 뛴 후 11까지 AI가 제시하는 알려진 정석이다.

백12의 침입으로 전환하면 백이 충분하다고 본다.

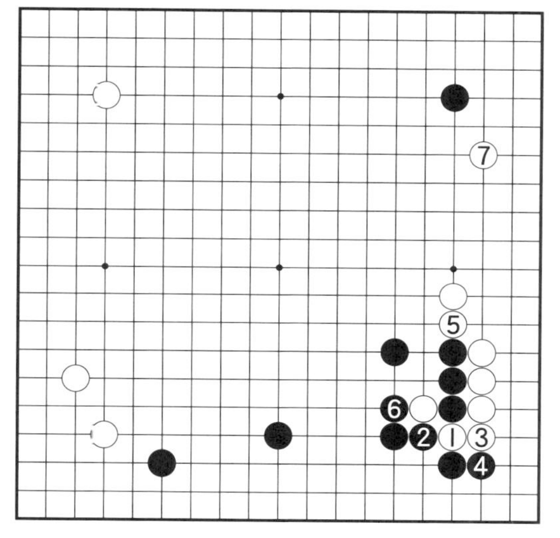

15도(백이 끼우는 경우)

앞 그림 흑9 때 백1로 끼우는 경우 흑2, 4로 막으면 백5, 7로 서로 진영을 구축하지만 AI 시각에서 백이 약간 활발하다고 본다.

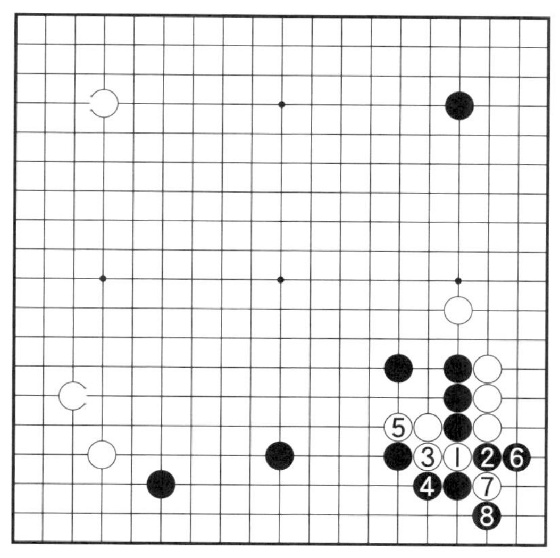

16도(어려운 싸움)

백1에 흑도 싸움에 자신이 있다면 2, 4로 뿌리를 끊는 것이 능동적이다. 백5 다음 7은 활용이며 흑8 이후는 서로 어려운 싸움이다.

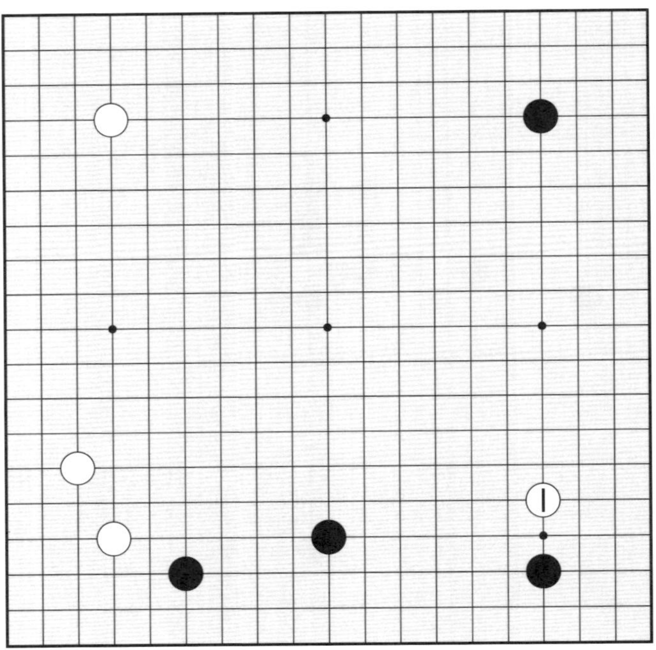

　　고바야시 포석의 마지막 5편으로 AI가 강력 추천하는 백1의 신형 한칸걸침이 주제이다.

　　타개에 능한 AI는 적세가 강한 곳에 이렇게 걸쳐도 충분하다고 보며 공격을 받더라도 효과적인 대응책을 마련해 놓고 있는데 이후 포석 변화에 대해 알아본다.

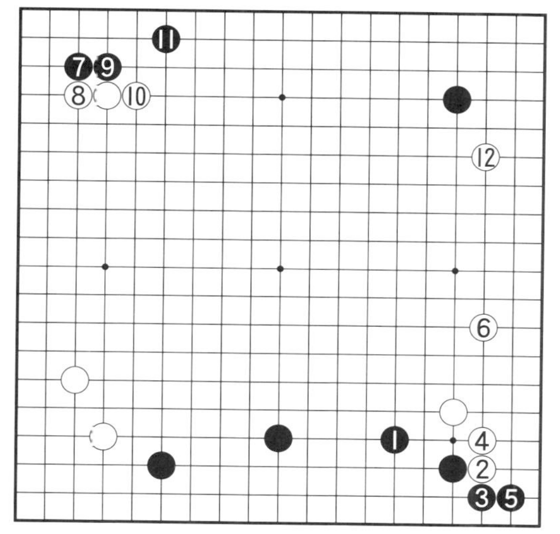

1도(흑, 느슨한 수비)

우선 흑1의 날일자 수비는 AI 시각에서 느슨하다고 본다.

　백은 2 이하 6으로 변에 안정하는 자세가 좋고 흑7로 전환한 후 12까지 유력한 변화인데 하변 흑 모양이 완전하지 않은 만큼 백이 활발한 국면이다.

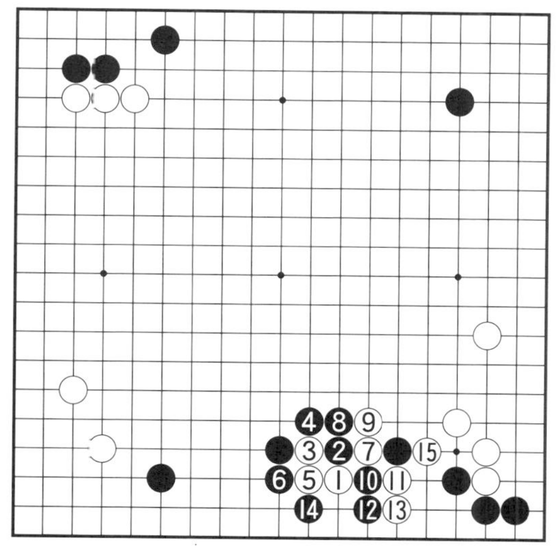

2도(하변 파괴의 요소)

앞 그림 흑11 때 백1의 침입도 하변 파괴의 요소이다. 흑2로 막으면 백3의 끼움이 맥. 흑4, 6으로 위에서 단수치고 막으면 백7, 9로 뚫고 나간다.

　흑10으로 끊고 나서 15까지 필연인데~

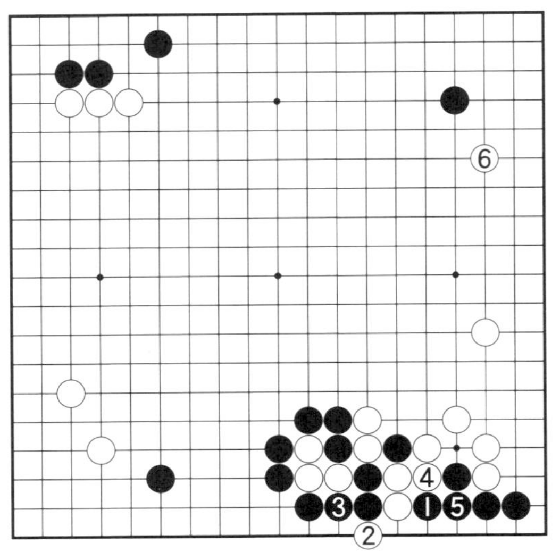

3도(백, 활발)

흑1 이하 5까지 보강하면 흑이 변에서 석점을 잡고 귀도 살았지만, 선수로 한점을 품으며 우변이 강화된 백이 6으로 폭을 넓히면 활발한 국면이다.

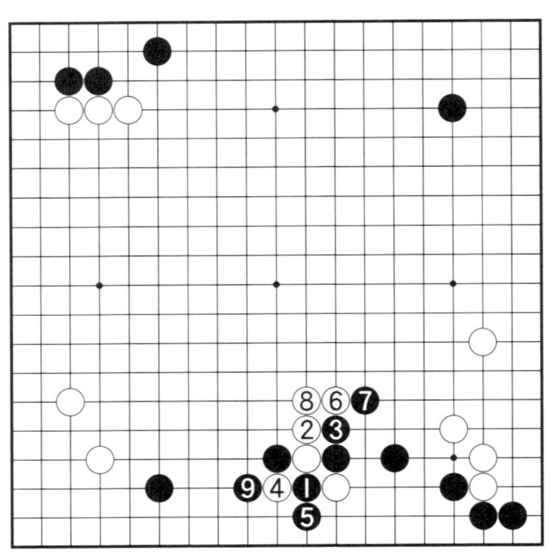

4도(아래 단수의 경우)

2도 백3 때 흑1, 3으로 아래에서 단수치고 밀어 올리는 방안도 있다.

백4로 끊은 후 9까지 AI가 제시하는 필연의 변화이며~

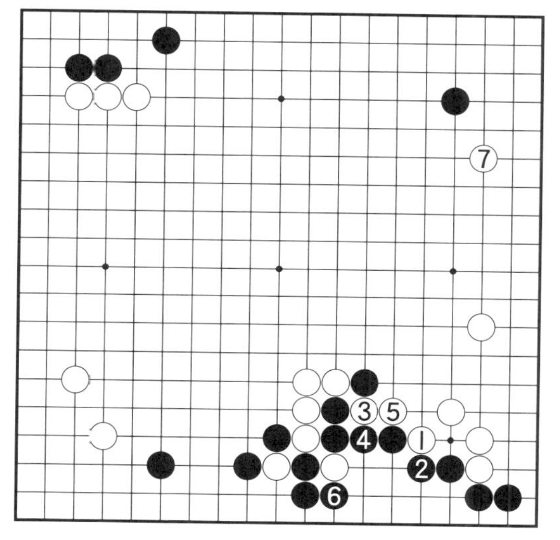

5도(백, 만족)

중앙에서 백1 이하 6까지도 두터운 활용이다.

흑이 하변을 고스란히 지켰지만 백7로 걸치면 우변과 중앙이 입체화된 백이 만족한 형세로 본다.

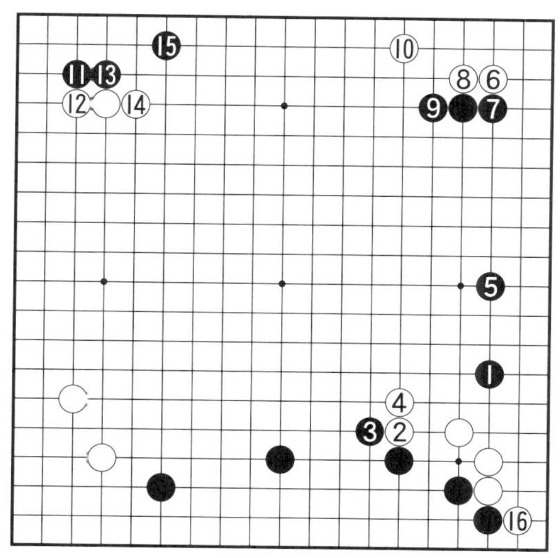

6도(AI의 주도적 행마)

1도 백4 때 흑1의 다가섬이 AI의 주도적 행마이다. 백2, 4로 나가면 흑5로 벌려 우변에 모양을 구축한다. 백6과 흑11의 침입을 주고받고 나서 백16의 젖힘은 귀의 요소이다. 이 진행이면 흑이 앞서지는 못해도 거의 타협이다.

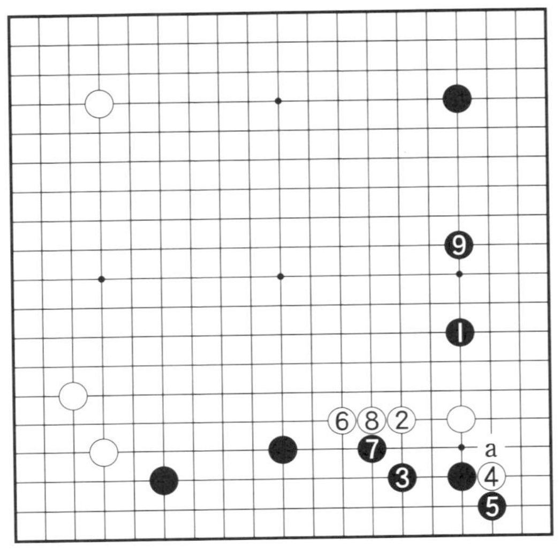

7도(과거의 이론)

이 포진에서 실은 흑1의 두칸높은협공이 가장 두려웠다. 백2 이하 6으로 뛰면 흑7로 하변을 방비한 후 9로 우변도 지켜 흑이 좋다는 것이 과거의 이론이었다.

AI 시각에서는 a가 근거의 요소인데 지금 백a라면 호각으로 본다.

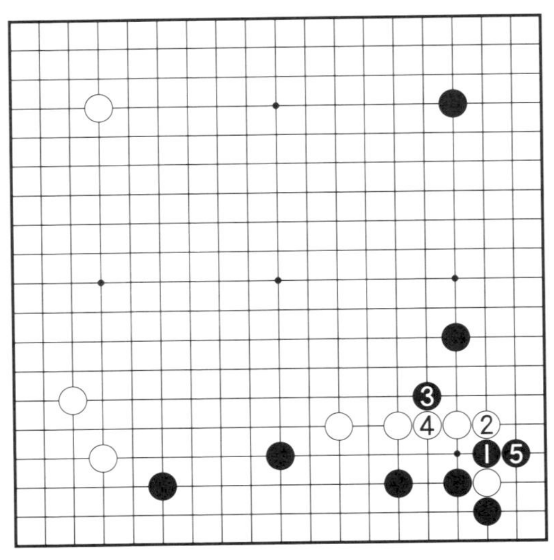

8도(장대 말)

앞 그림 백6 때 흑도 1로 한점을 잡는 것이 우선이다.

백2에 흑3을 활용한 후 5로 귀를 단속하면 백 일단이 근거가 없는 장대 말이 되어 AI 시각에서 흑이 약간 편한 진행이다.

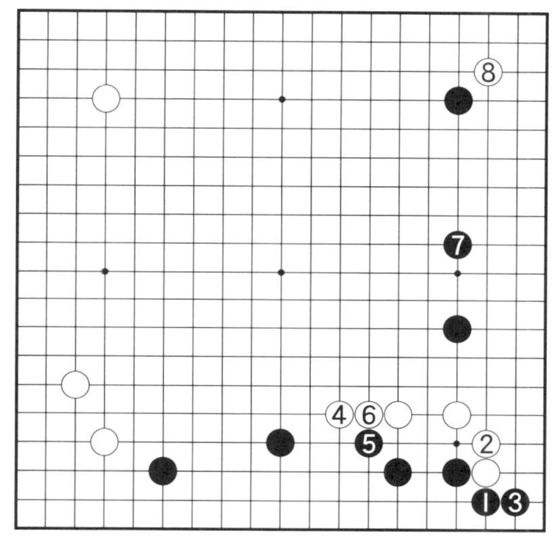

9도(같은 결과)

애초 흑1에 백도 2를 결정하고 4로 뛰면 흑5, 7로 7도와 같은 결과를 얻는다.

다음 백8의 침입으로 전환하면 서로 어울린 진행이다.

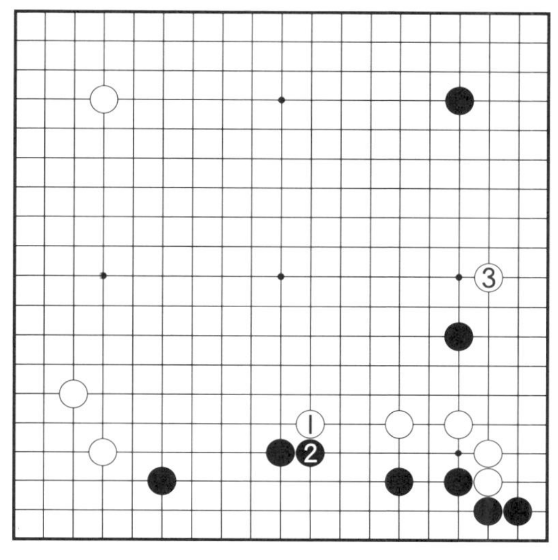

10도(세련된 활용법)

앞 그림 흑3 때 백1의 두칸은 AI의 세련된 중앙 활용법으로 흑2로 받으면 백3의 협공으로 전환한다는 계산이다.

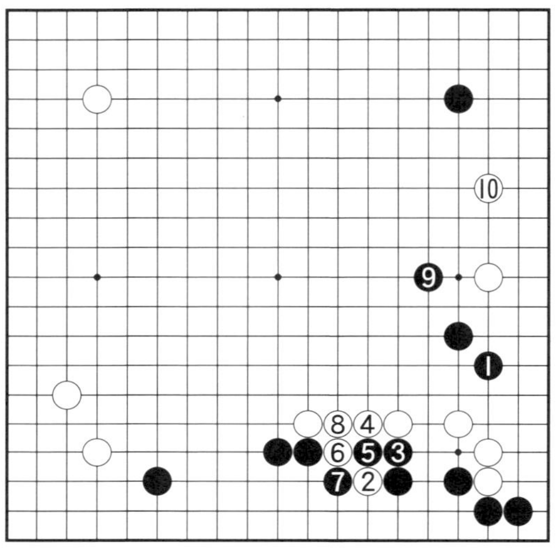

11도(백, 양쪽 정리)

이다음 흑1로 차단하면 하변 백2의 붙임이 맥으로 이하 8까지 외곽을 두텁게 정리하고 우변도 흑9에 백10으로 근거를 갖춰 양쪽 백이 알맞게 정리된다.

하변 흑도 맛이 남은 만큼 AI 시각에서 백이 불만 없는 국면이다.

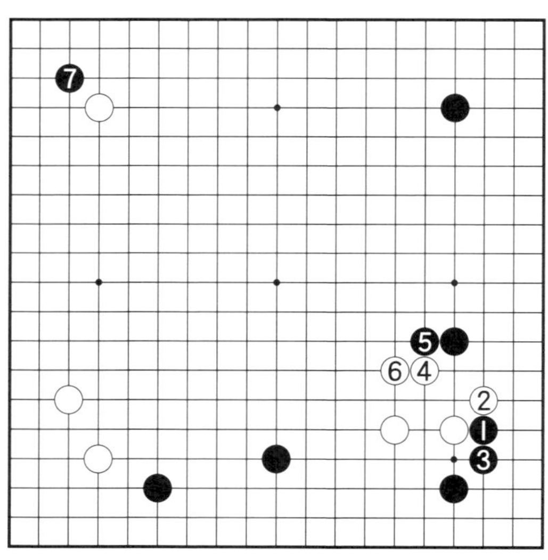

12도(흑, 귀부터 지킴)

7도 백2 때 흑1, 3으로 귀부터 지키는 것도 일책이다.

백4, 6으로 모양을 갖출 때 흑7의 침입으로 전환하면 AI 시각에서 거의 대등한 국면이다.

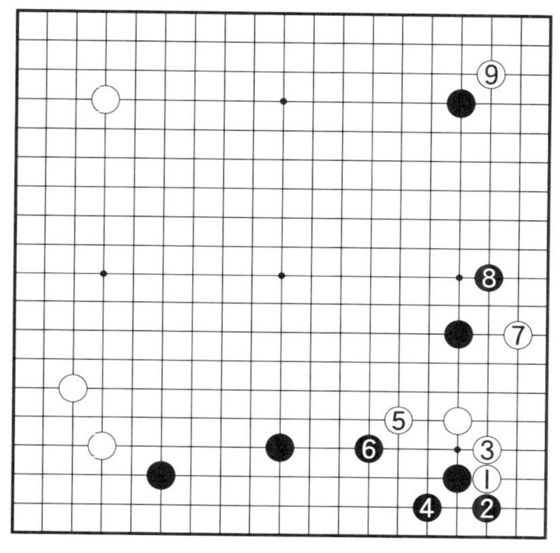

13도(백, 귀부터 견제)

흑이 협공할 때 백1, 3으로 귀부터 견제하고 5로 뛰는 것이 AI의 추천 일순위이다. 흑6으로 공격하면 백7로 낮지만 근거를 갖춰 충분하다.

흑8에 백9의 침입으로 전환하면 AI 시각에서 백이 불만 없는 국면이다.

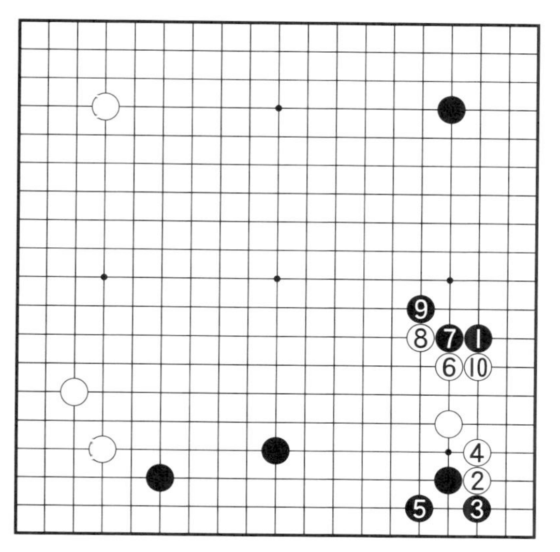

14도(흑, 두칸낮은협공)

흑1의 두칸낮은협공은 AI의 애용 수법인데 근거를 주지 않겠다는 뜻도 숨어있다.

백은 2, 4로 귀를 결정해놓고 6 이하 10까지 변을 틀어막는 것이 유력한 대응 방안이다.

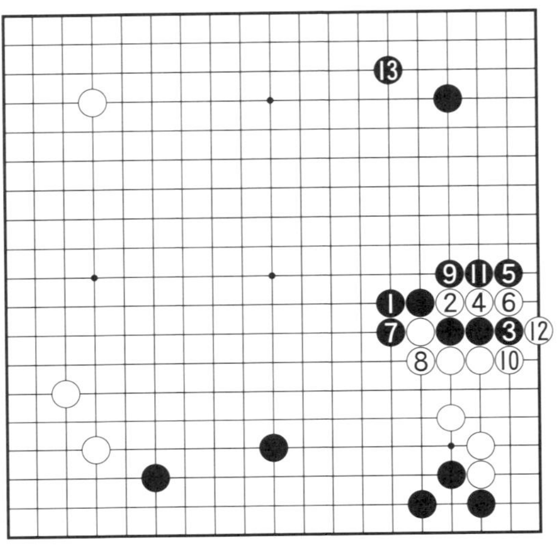

15도(시야가 좁은 안목)

이다음 흑1로 가만히 뻗는 것이 탄력적 힘을 갖는 행마이다. 이때 백2로 끊고 이하 12까지 석점을 잡는 것은 시야가 좁은 안목이다. 그동안 흑이 바깥을 조인 후 13으로 우변 모양을 견실하게 넓히면 흑이 약간 편한 형세이다.

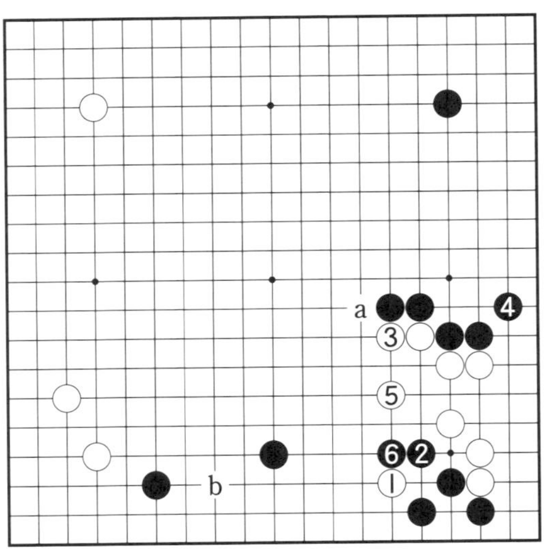

16도(백, 유연한 정리)

이 시점에서 백1로 활용해 놓고 3, 5로 중앙 모양을 정리하는 것이 유연한 방안이다.

흑6 다음 백은 a로 젖혀 중앙을 제어해도 좋고 b의 하변 침입도 유력한데 어느 쪽이든 AI 시각에서 백이 불리하지 않다고 본다.

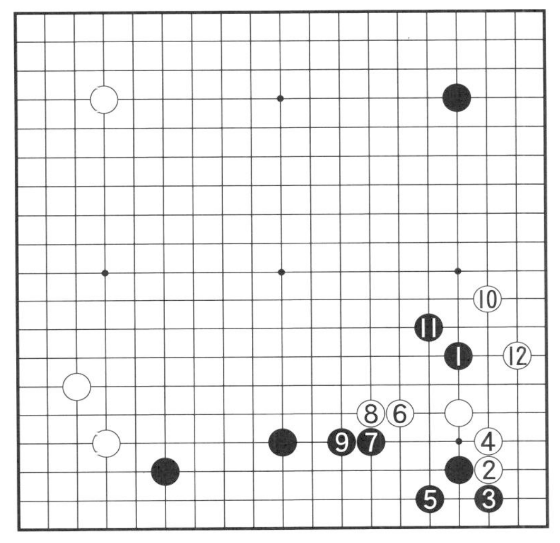

17도(한칸협공의 경우)

이 포진에서 흑의 최강은 1의 한칸협공이지만 의외로 백의 대응책은 간단하다.

귀쪽 백2, 4 다음 6, 8로 변까지 밀어놓고 우변 10, 12로 넘어가면 AI 시각에서 백이 활발하다.

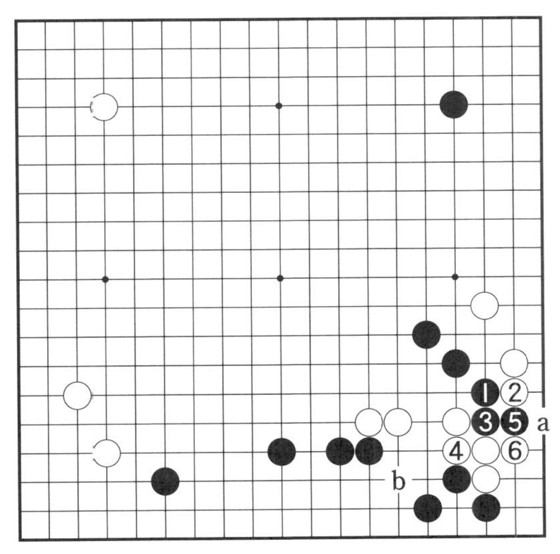

18도(맞보기)

이다음 흑이 1 이하 5로 차단하려는 시도는 백6으로 막은 후 a로 넘는 것과 b쪽 하변 침입이 맞보기가 되어 흑이 더욱 불리한 진행이다.

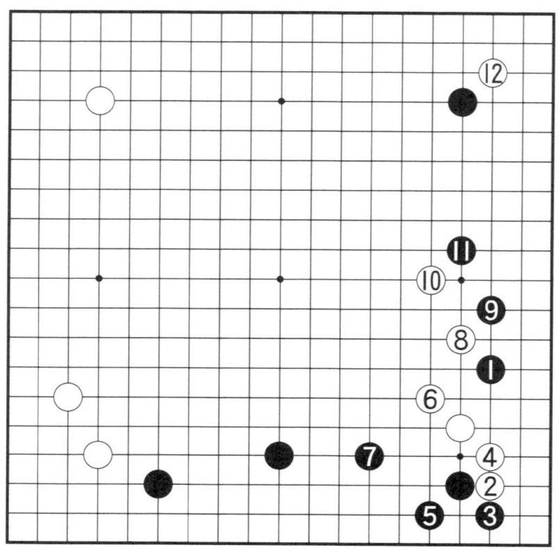

19도(흑, 한칸낮은협공)

흑1의 한칸낮은협공에서는 백2, 4 다음 우변에서 10까지 눌러놓고 12의 침입으로 전환하면 AI 시각에서 백이 국면을 주도하는 진행으로 본다.

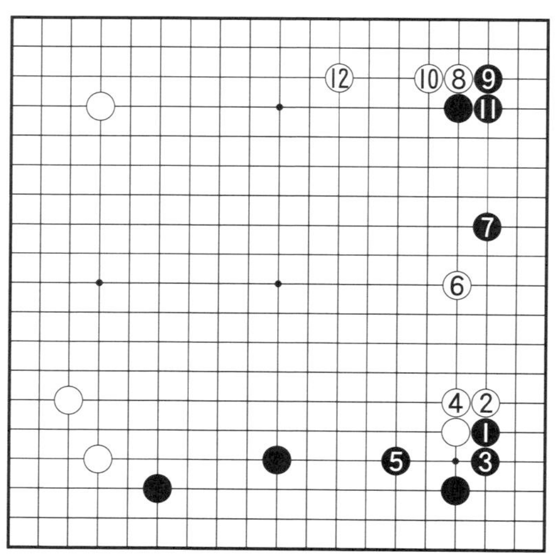

20도(흑, 귀부터 지킴)

처음으로 돌아와서, AI 시각에서는 흑1 이하 5로 귀부터 지키는 것이 가장 안정적이라 본다.

이하 12까지 유력한 변화인데 거의 대등한 형세이다.

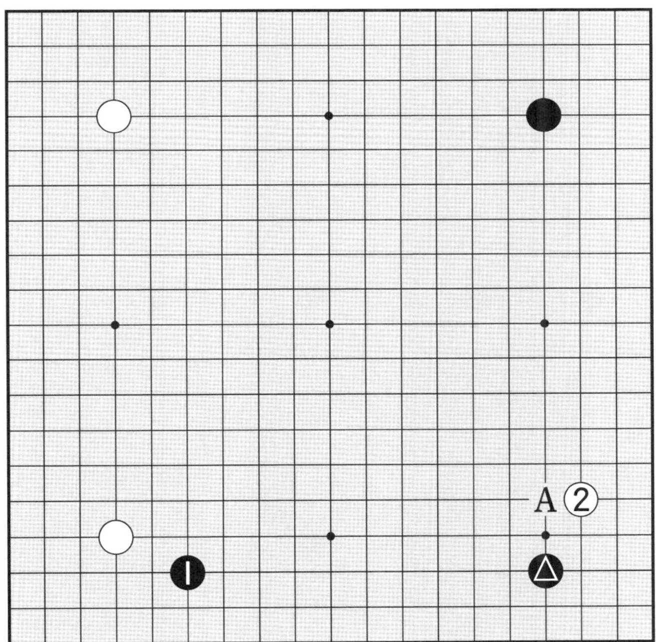

이번에는 흑1 걸침에 백2나 A로 맞걸치는 변화가 주제이다. 흑▲의 내향 소목에서는 흑이 고바야시 포석이나 소목 굳힘으로 모양을 넓힐 수 있는데 맞걸침은 이런 모양 바둑을 미연에 방어하려는 의도가 있다.

AI의 관점에 주목하면서 이후 포석 변화에 대해 알아본다.

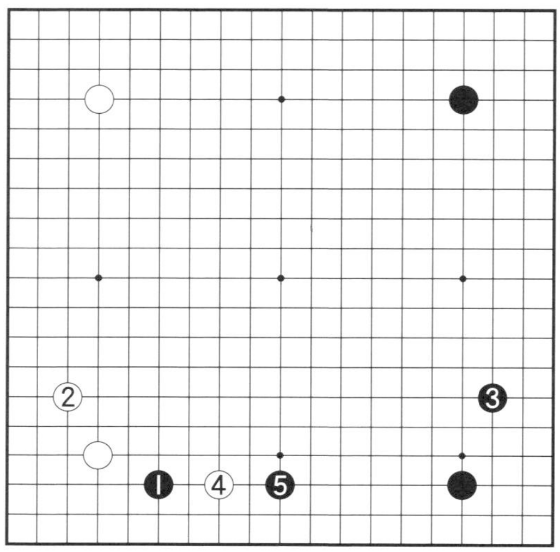

1도(모양 바둑의 공식)

본론으로 들어가기 전에 흑1로 걸칠 때 백2로 받으면 AI의 추천 일순위는 흑3의 눈목자굳힘인데 소목 굳힘의 어디든 가치는 비슷하다.

이때 백4의 협공이면 흑5로 다가서며 폭을 넓히는 것이 AI식 모양 바둑의 공식이다.

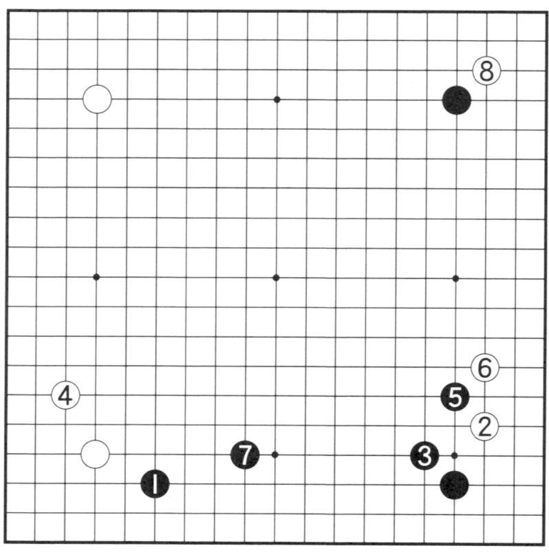

2도(흑, 하변 중시)

흑1에 백2의 날일자걸침이면 흑3의 마늘모는 AI가 애용하는 견실한 수비이다.

백4로 받을 때 흑이 하변을 중시한다면 5, 7의 모양 구축이 일책인데 백8로 침입하면 AI 시각에서 거의 어울린 진행이다.

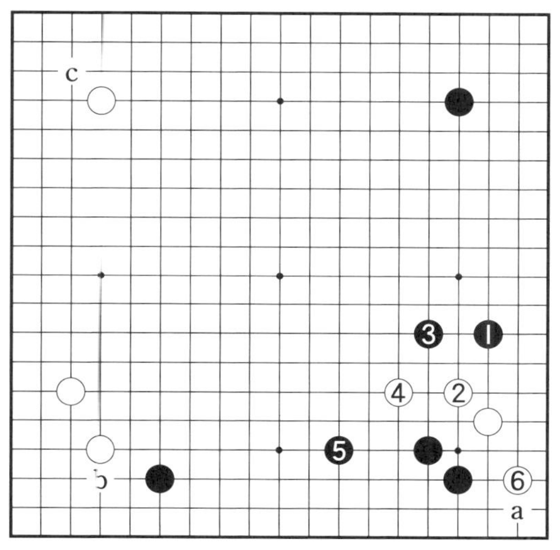

3도(흑, 우변 중시)

앞 그림 백4 때 흑이 우
변을 중시하면 1의 협공
이 유력하다. 백2로 움
직이면 이하 6까지 AI
가 제시하는 공방이며
서로 어울린 진행이다.

다음 흑은 a~c 등이
비슷한 가치의 큰 자리
이다.

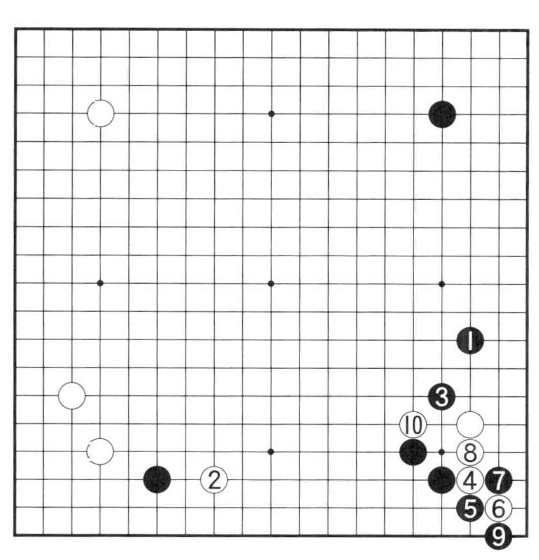

4도(귀의 활용수단)

흑1에 하변 백2의 협공
도 유력하다.

흑3으로 봉쇄하면 백
4, 6이 귀에서 활용수단
이다. 흑7, 9로 한점을
잡으면 일단 백10의 건
너붙임이 맥이다.

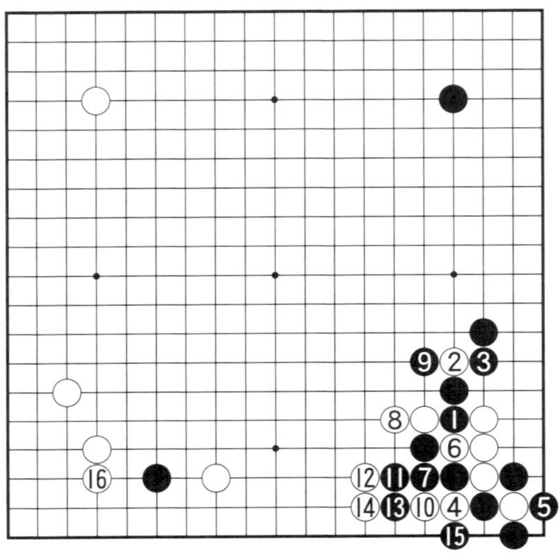

5도(백, 하변 조임)

이다음 흑1에 백2의 선수활용을 발판으로 백4 이하 14까지 하변을 조일 수 있다.

　AI는 백의 다음수로 16의 굳힘을 추천하며 귀는 모두 잡혔지만 하변이 활발해서 백이 편한 형세라고 본다.

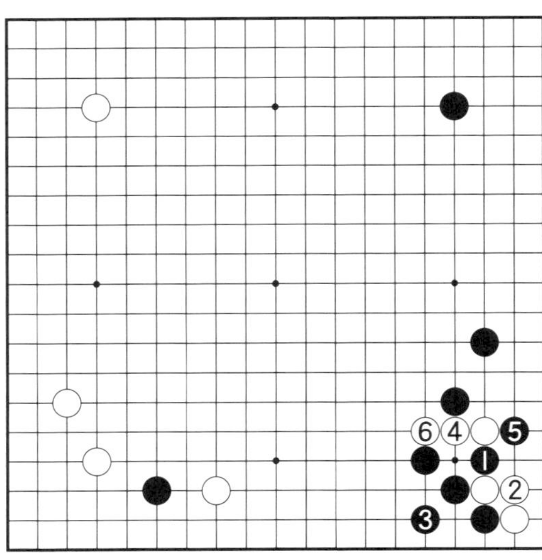

6도(조임 방어책)

4도 백6 때 흑1, 3으로 받는 것은 변에서의 조임을 방어하기 위한 대응책이다.

　다음 백4에는 흑5의 젖힘이 맥이며 백6으로 나가는 흐름이 된다.

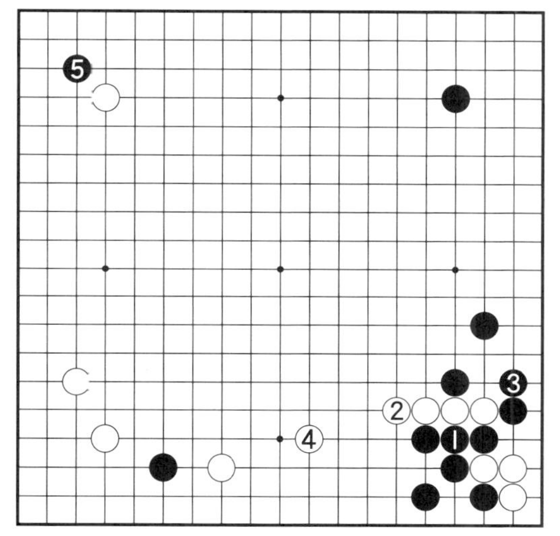

7도(모양의 요소)

이다음 흑1로 이으면 백2는 무겁지만 모양의 요소이다.

흑3과 백4로 각자 자기 진영을 지키고 나서 흑5의 침입으로 전환하면 AI 시각에서 대등한 국면이다.

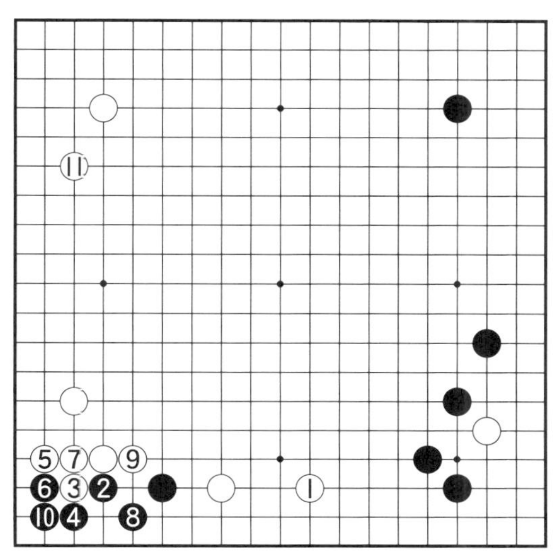

8도(백, 유연한 벌림)

4도 흑3 때 하변 백1의 벌림도 유연한 방안이다. 흑2 이하 10까지는 AI가 제시하는 귀의 공방인데 흑은 안에서 살았고 백도 좌변 두터움을 배경으로 11로 굳히면 어울린 진행이다.

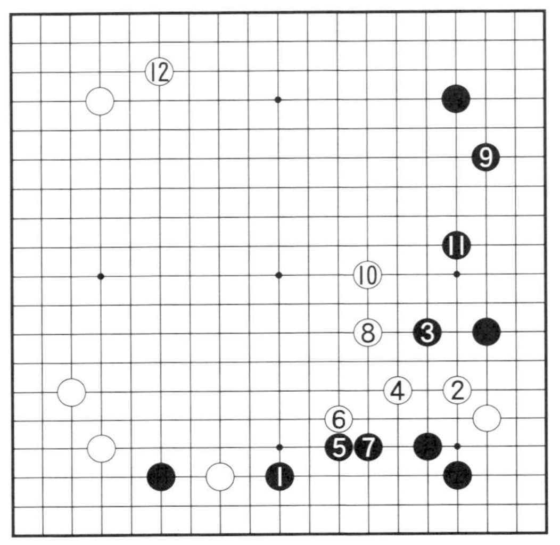

9도(흑, 하변 벌림)

4도 백2 때 하변 흑1로 먼저 벌리면 백2로 나간 후 12까지 AI의 유력한 변화이다.

흑은 변의 견실한 실리, 백은 귀와 중앙에서의 발전성으로 서로 어울렸다.

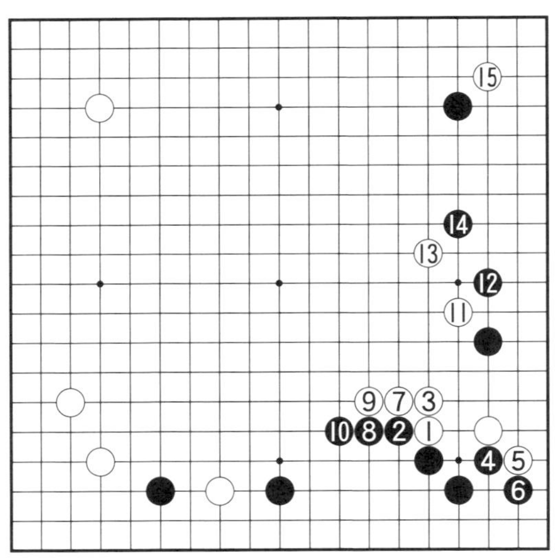

10도(백, 붙여 나감)

백1로 붙여 나가는 것도 일책이다.

흑2로 젖힌 후 10까지 필연이며 백11, 13으로 눌러 중앙을 강화한 다음 15의 침입으로 전환하면 AI 시각에서 백이 국면을 주도하며 불만 없다고 본다.

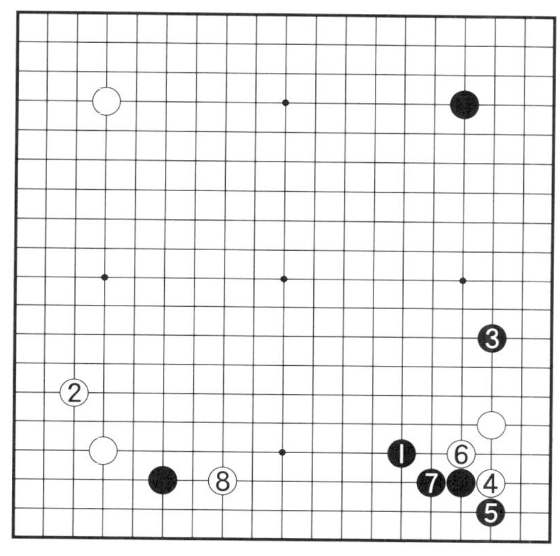

11도(귀의 상용수단)

되돌아가서 흑1의 날일자 수비도 마늘모와 더불어 AI가 애용한다.

백2로 받고 흑3에 협공하면 백4, 6은 귀의 상용수단이다. 흑7에 백이 귀에 사는 맛을 남긴 후 하변 8로 협공하면 서로 대등한 진행이다.

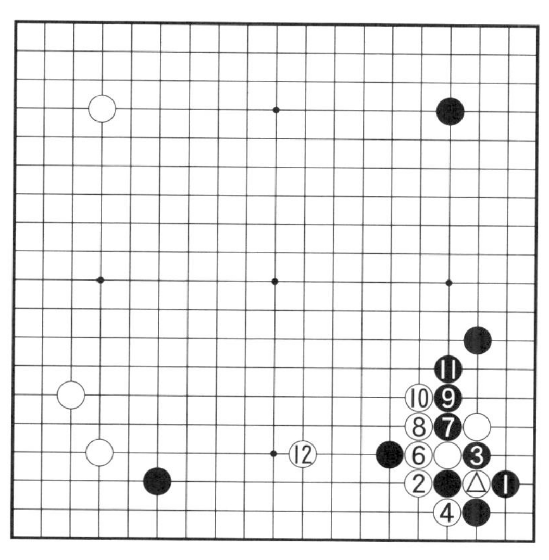

12도(흑의 반발)

앞 그림 백6 때 흑1로 반발하면 백2, 4로 돌려치고 6에 잇는다.

흑7에 끊을 때 백8 이하 12까지 하변에 모양을 갖추면 AI 시각에서 역시 대등한 진행이다.

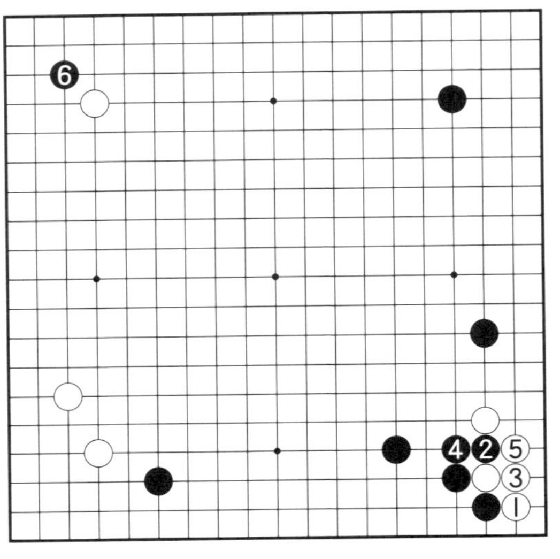

13도(귀에 파고드는 경우)

11도 흑5 때 백1로 귀에 파고드는 경우 흑2, 4로 귀를 정리한 후 6의 침입으로 전환하면 무난한 진행이다.

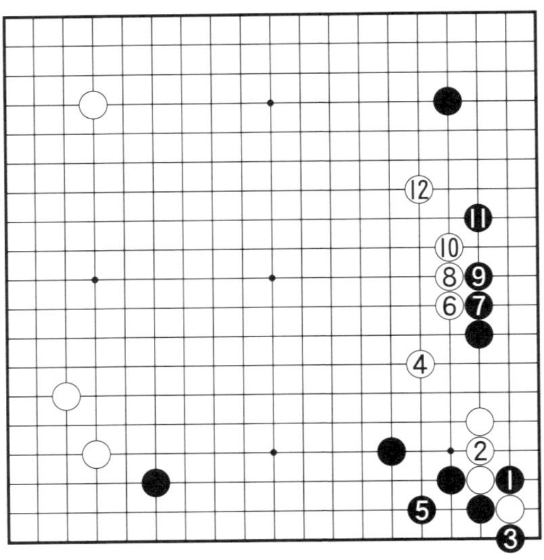

14도(백, 밭전자 활용)

백이 귀에 파고들 때 흑1, 3으로 잡으면 백4의 밭전자가 귀에 활용이 된다.

흑5로 지킬 때 백6 이하 12까지 중앙을 키우는 것이 효과적이며 형세는 거의 대등하다.

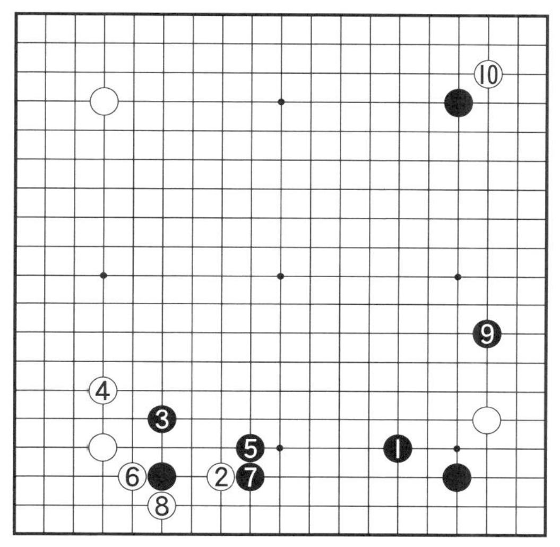

15도(흑, 미흡)

거슬러 올라가 흑1에 AI의 추천 일순위는 백2의 협공이다.

이때 흑3, 5로 씌우고 나서 8까지 서로 귀와 변을 정리하면 간명해도 흑이 미흡하다. 이어지는 흑9의 협공에 백10의 침입이면 백이 편한 진행으로 본다.

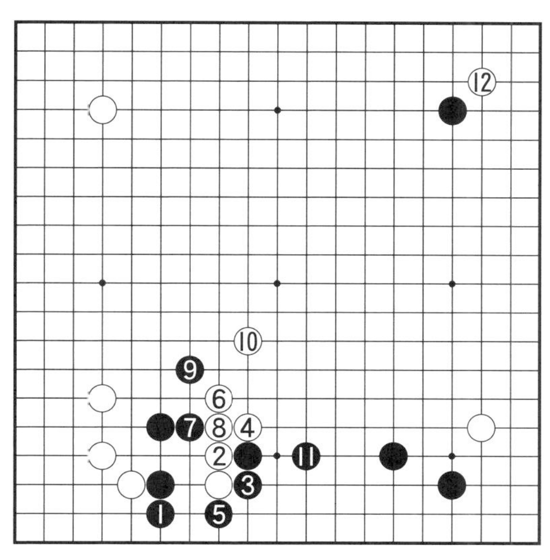

16도(효과적 정리법)

앞 그림 백6 때 흑1로 받고 백2에 흑3으로 막은 후 11까지 AI의 효과적 정리법이다.

다음 백12의 침입으로 전환하면 서로 대등한 진행이다.

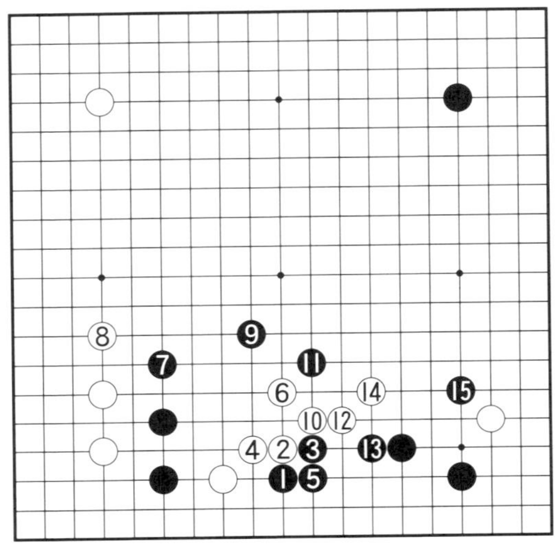

17도(능동적 강수)

15도 백4 때 흑1의 협공도 능동적 강수이다.

백2로 붙인 후 15까지 AI가 제시하는 공방의 예인데 중앙은 쫓기고 있지만 좌변 모양이 견실한 백이 충분한 국면으로 본다.

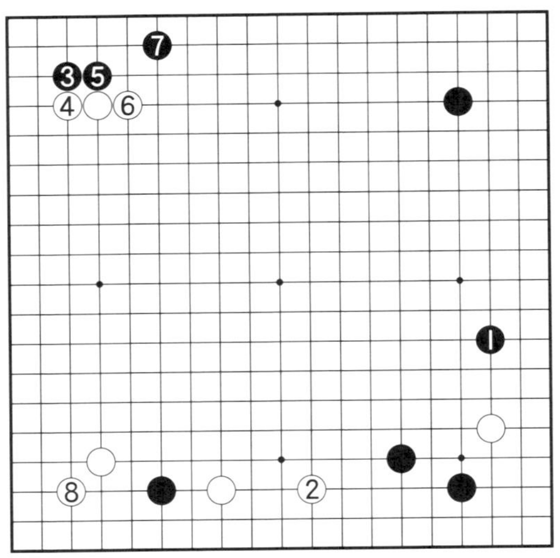

18도(무난한 협공과 벌림)

15도 백2 때 우변에서 흑1로 협공하고 백2의 하변 벌림이면 서로 무난하다.

흑3에 침입한 후 7까지 되고나서 AI는 백의 다음수로 8의 3三 지킴을 추천하며 서로 어울린 국면이라 본다.

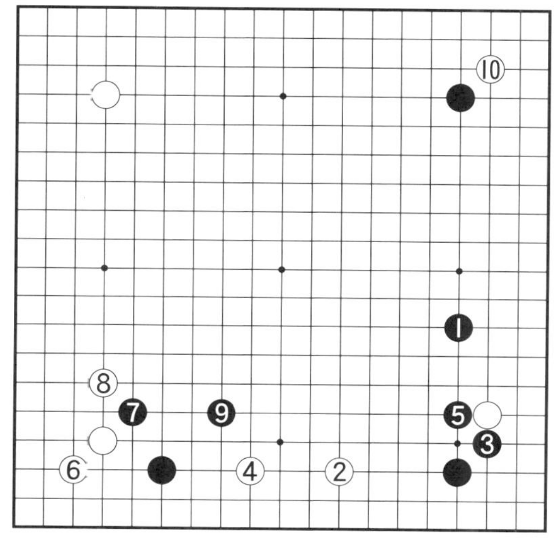

19도(처음부터 협공)

되돌아가서 처음부터 흑 1로 협공하는 경우 서로 5까지 영역을 나누면 간명한 진행이다.

백6의 마늘모는 이 구도에서 귀를 지키는 효과적인 수법이며 흑7, 9로 틀을 잡고 백10의 3三침입이면 AI 시각에서 호각이다.

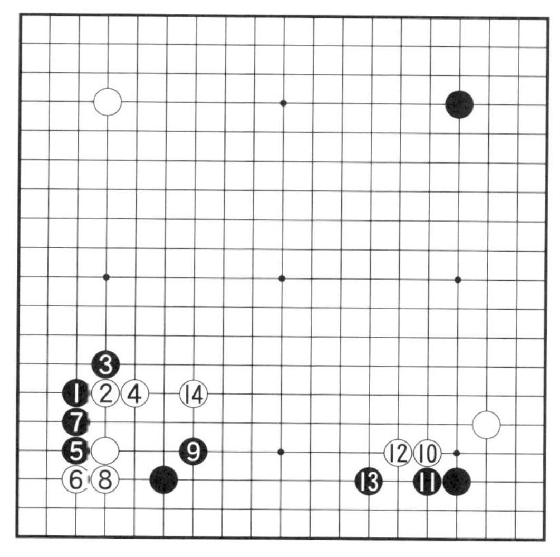

20도(흑, 양걸침)

흑1로 양걸침부터 두면 백2로 붙인 후 14까지 AI의 무난한 변화인데 수순 중 백10, 12로 눌러가는 자세는 AI의 전매특허이다.

흑이 복잡한 전투를 원한다면 이런 변화를 생각할 수도 있다.

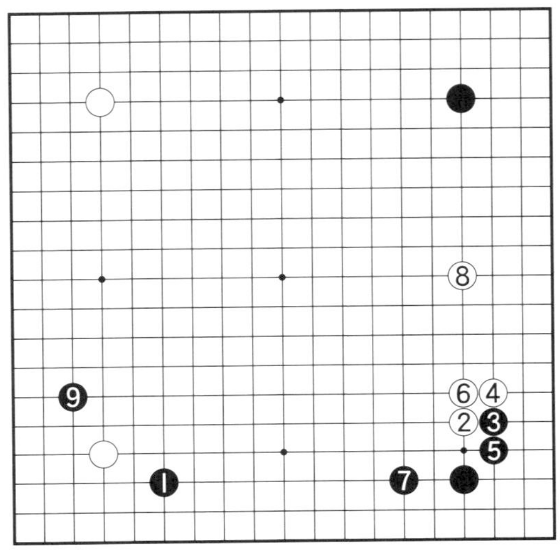

21도(한칸 맞걸침)

흑1로 걸칠 때 백2의 한 칸 맞걸침이면 흑3에 붙인 후 8까지 AI의 일순위 정석이다.

다음 흑9의 양걸침으로 전환하면 호각이다.

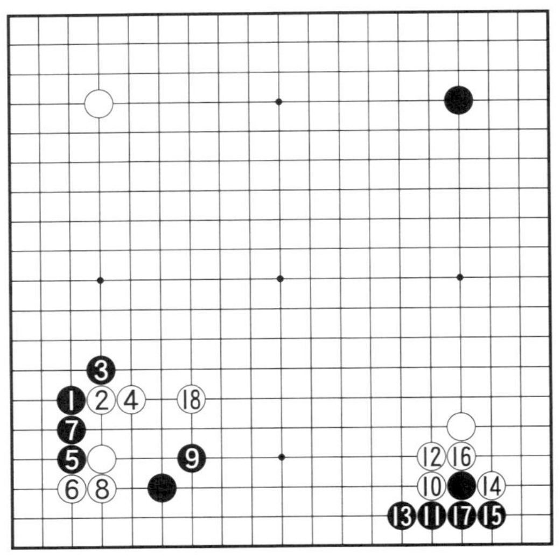

22도(백, 유력한 활용)

앞 그림 백2 때 흑1의 양걸침부터 두면 이하 9까지 된 시점에서 우하귀 백10에 붙여 이하 17까지 활용해놓는 것이 유력하다.

그런 다음 백18로 돌아오면 AI 시각에서 백이 약간이라도 국면을 주도하는 흐름이다.

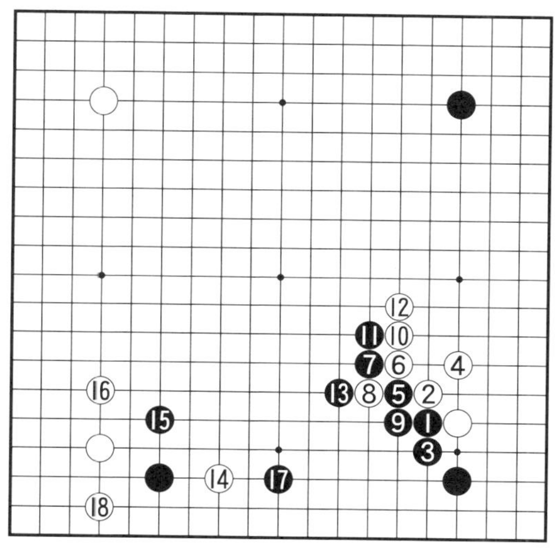

23도(흑, 변쪽 붙임)

흑1의 변쪽 붙임은 하변을 키우려는 뜻인데 이하 13까지 한때 유행한 정석이었다.

다음 AI 관점에서는 백이 14로 협공한 후 18까지 귀를 지키며 활용하면 충분한 국면이라 본다.

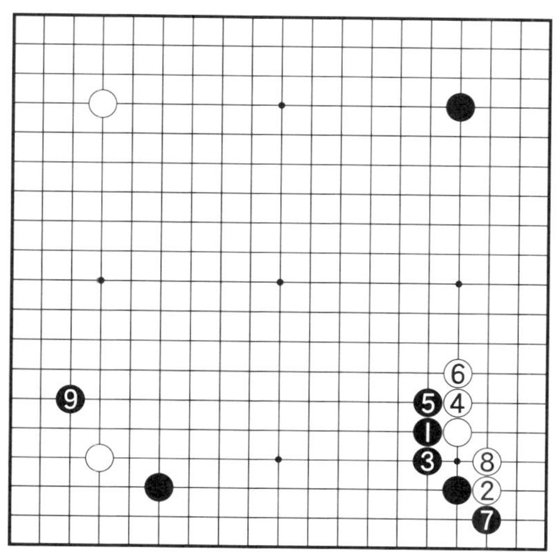

24도(AI의 주도적 구상)

흑1에 백2의 붙임이면 흑3에 늘고 나서 8까지 흑은 아낌없이 선수한 후 9의 양걸침으로 전환하는 것이 AI의 주도적 구상이며 서로 대등한 국면으로 본다.

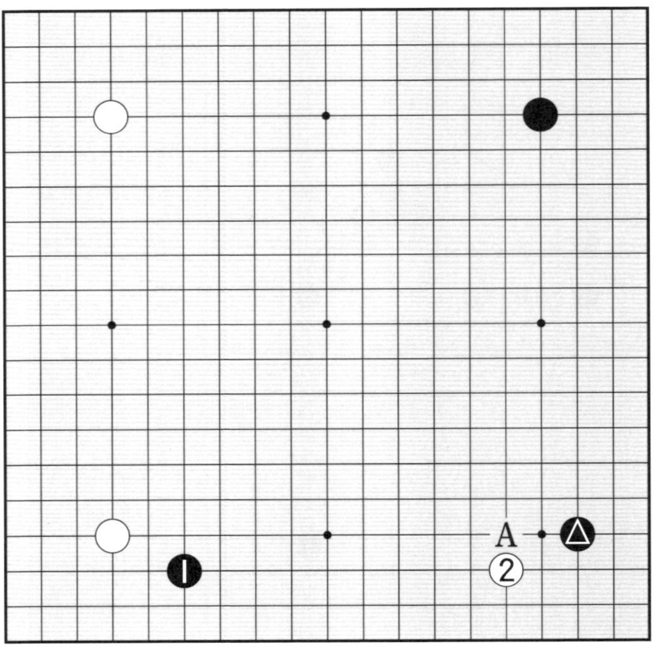

이번에는 흑⚫의 외향 소목을 배경으로 1로 걸칠 때 백2나 A로 맞걸치는 변화가 주제이다. 이때의 맞걸침은 과거에 유행했던 미니중국식 포석이나 소목 굳힘을 통한 모양 바둑을 미연에 방어하려는 의도가 있었다.

역시 AI의 관점에 주목하면서 이후 포석 변화에 대해 알아본다.

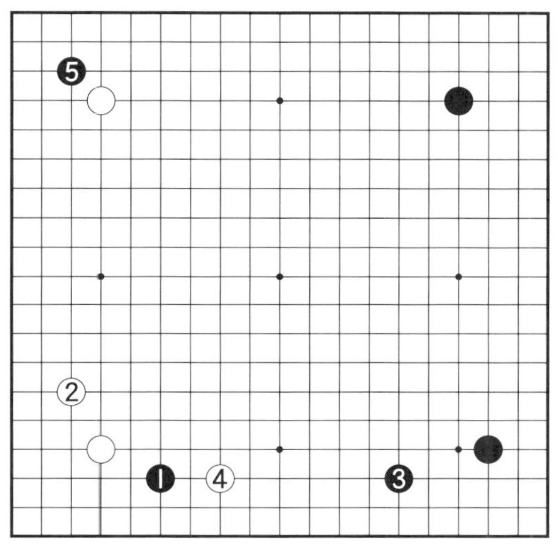

1도(주도적 모양 구축)

본론으로 들어가기 앞서 흑1에 백2로 받으면 AI 의 추천 일순위는 우하 귀 소목 굳힘인데 특히 흑3의 눈목자굳힘을 선 호한다. 백4로 협공하면 흑5의 침입으로 전환해 서 AI 시각에서는 흑이 약간 주도적 흐름이라 본다.

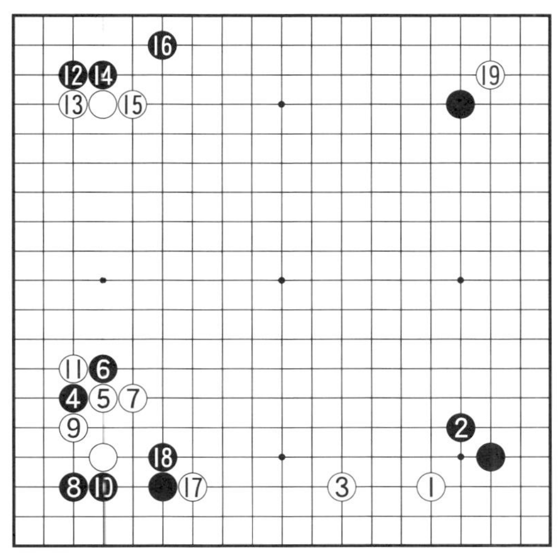

2도(날일자걸침에서)

백1의 날일자걸침부터 알아보자. 흑2의 마늘모 에 백3의 두칸이면 서로 견실한 태도. 흑4로 양 걸침한 후 11까지, 흑 12로 침입한 후 16까지 는 둘 다 AI의 대표 정 석이다. 백도 17로 활용 한 후 19로 침입하면 서 로 무난한 진행이다.

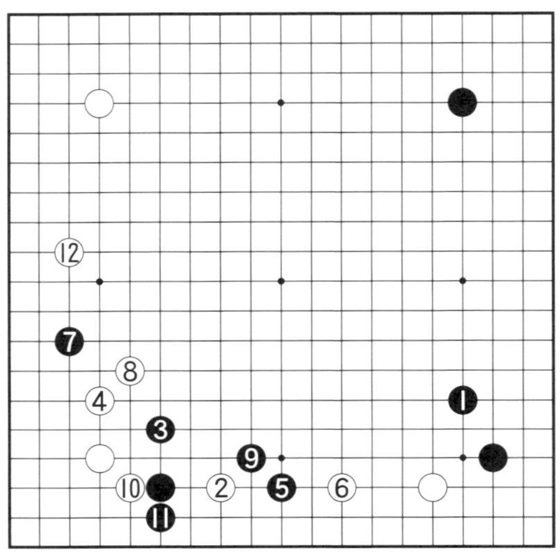

3도(백, 능동적 협공)

되돌아가서 흑1의 날일 자 수비면 귀가 엷기에 백도 맛을 남기고 2의 협공이 능동적이다.

이하 12까지 AI의 유력한 변화이며 백이 좌변을 주도하며 서로 치열한 공방이 예상된다.

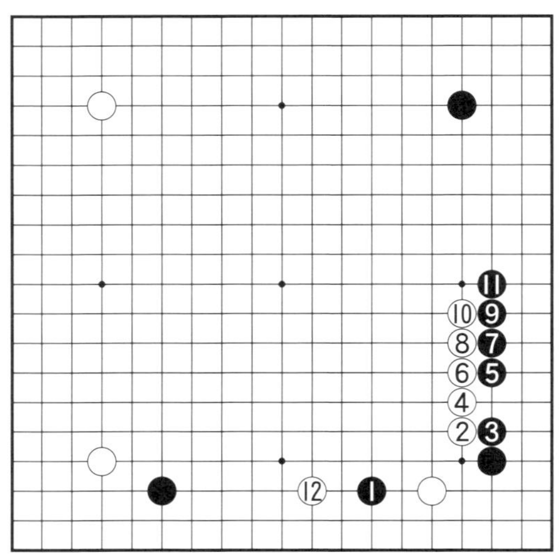

4도(백, 활발)

흑1로 협공할 때는 백2의 날일자씌움이 효과적이다.

흑3으로 받으면 백4 이하 10까지 눌러놓고 12로 협공하는 것이 AI의 호방한 행마법인데, 이 진행이면 백이 활발한 국면이라고 본다.

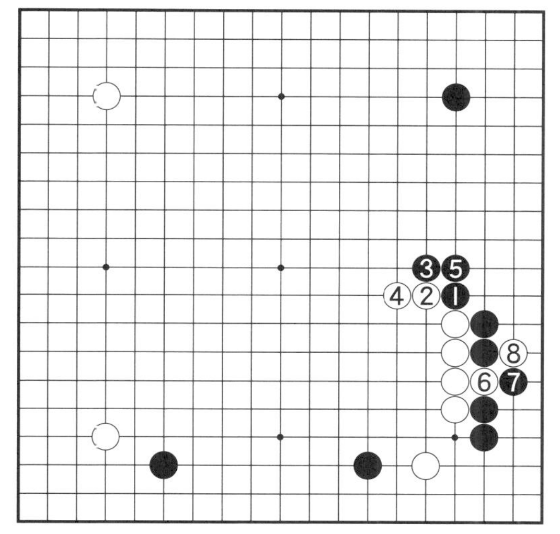

5도(교묘한 응수타진)

앞 그림 백8 때 기세로는 흑1, 3으로 이단 젖히고 5로 잇는 것인데 백6, 8로 나와 끊는 응수타진이 교묘하다.

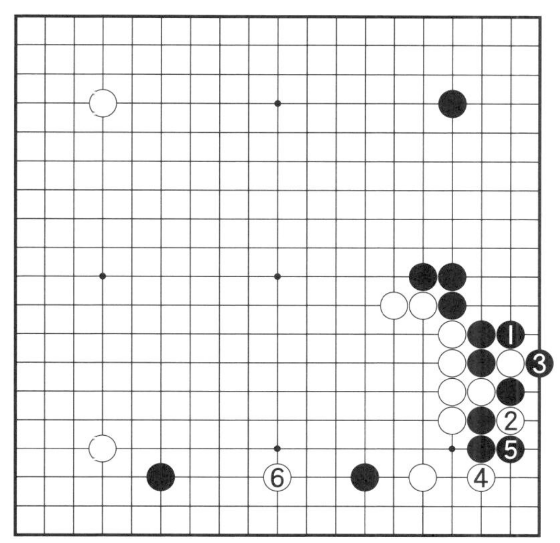

6도(백, 양쪽 협공)

이다음 흑1로 잡으면 백2, 4의 선수활용으로 귀를 제한해놓고 6으로 하변 양쪽을 협공한다. AI 시각에서 형세는 비슷하지만 백이 약간이라도 주도하는 흐름이다.

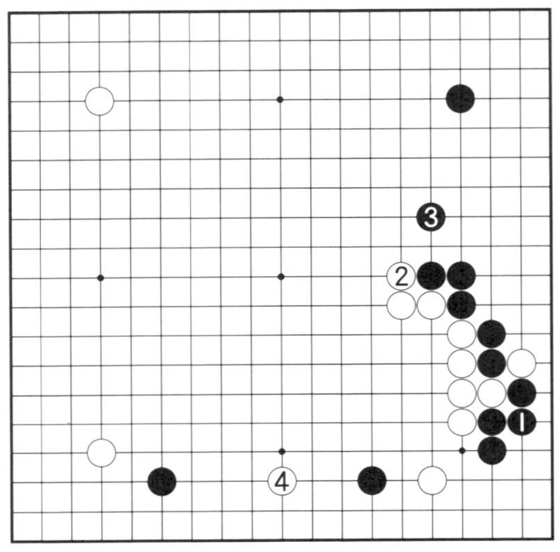

7도(꼬부림이 선수)

5도 백8 때 흑1로 잇는 것은 백2의 꼬부림이 선수가 되어 4로 협공하는 데 힘이 실린다.

AI 시각에서 앞 그림보다도 백이 활발한 국면이다.

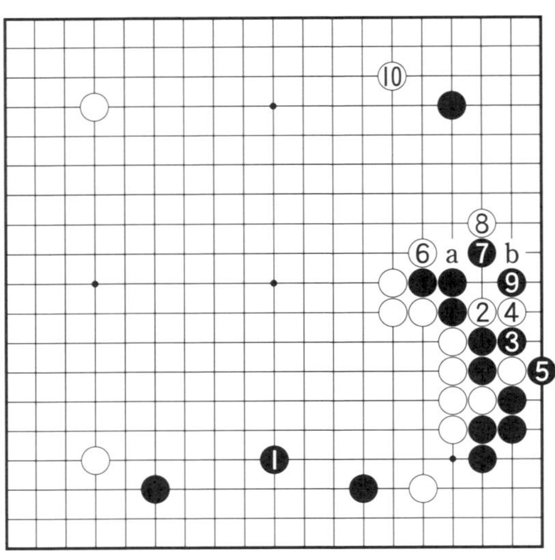

8도(백, 유리)

앞 그림 백2 때 흑1로 하변을 지키면 백2 이하 8까지 선수가 되며 a와 b를 모두 조일 수 있다. 그 활용을 발판으로 백 10으로 귀를 압박하면 백이 유리한 국면이다.

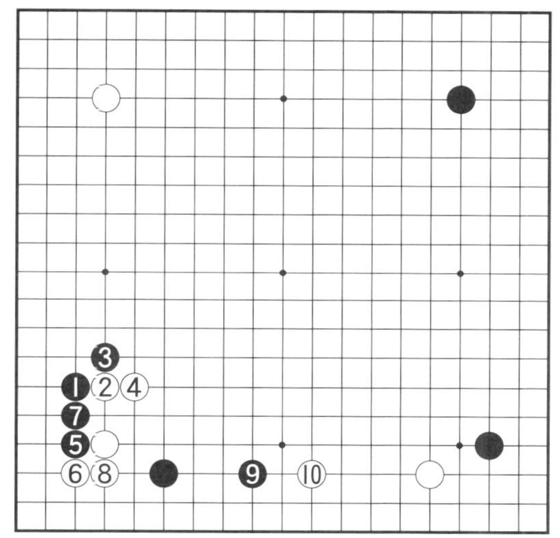

9도(흑, 양걸침)

되돌아가서 흑1의 양걸침부터 두는 경우 백2로 붙인 후 9까지 보편적 진행이며 백10으로 벌리면 AI 시각에서 거의 비슷한 형세이다.

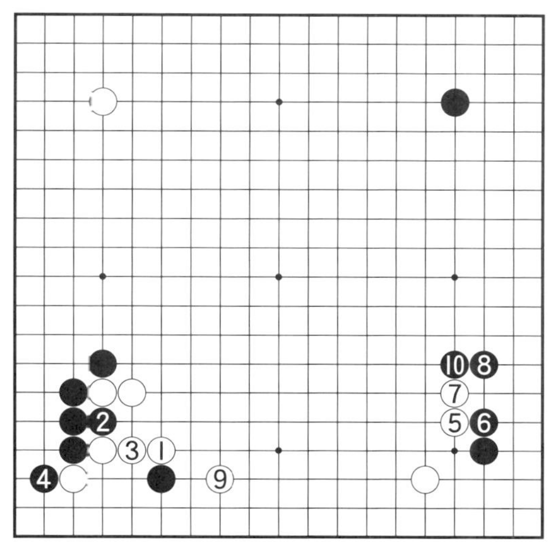

10도(백, 하변 개척)

앞 그림 흑7 때 백1로 붙여 변화를 모색할 수 있다.

흑2, 4가 상용 수순인데 백5, 7로 눌러놓고 9로 하변을 개척할 수 있다. 흑10으로 변의 요소를 두면 AI 시각에서 호각으로 본다.

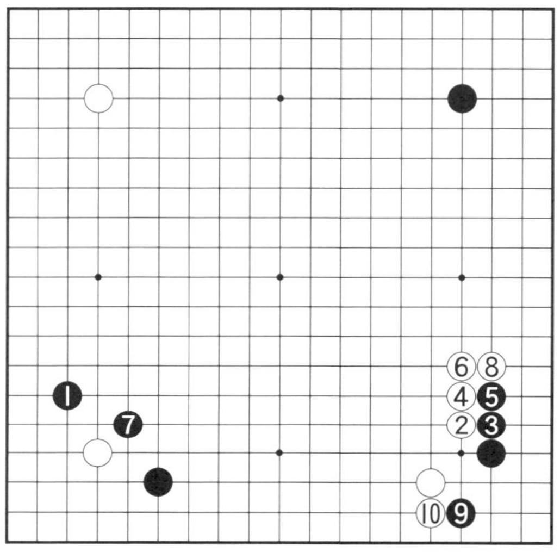

11도(백, 먼저 씌움)

흑1에 백2의 씌움을 먼저 두는 경우 흑3, 5로 밀어놓고 7로 봉쇄하면 어떨까. 백도 8의 막음이 대세점이다. 흑이 9를 결정해놓고 선수를 잡지만 귀는 백이 활용거리가 많고 좌하귀도 사는 맛이 있어 AI 시각은 백이 약간 편하다.

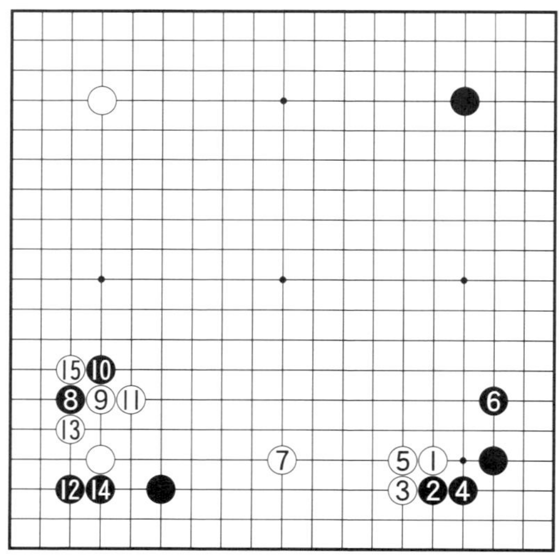

12도(백, 한칸 맞걸침)

이번에는 백1의 한칸 맞걸침에 대해 알아보자.

흑2로 귀를 지키며 6까지 받으면 백7의 벌림이 협공도 겸한다. 흑8의 양걸침이 능동적 대응인데 백9로 붙인 후 15까지 서로 귀와 변에 진영을 차린 무난한 변화이다.

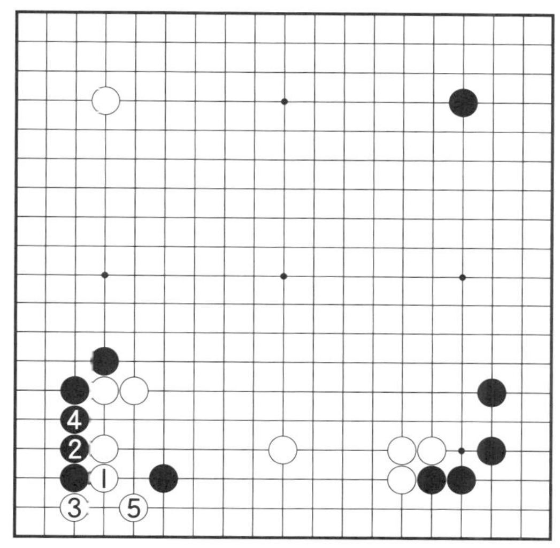

13도(백, 하변 주도)

앞 그림 흑12 때 백1로 하변 쪽을 차단하고 나서 3, 5의 호구로 탄력적으로 정리하는 것도 일책이다.

백이 하변 일대를 주도하겠다는 뜻인데 흑도 좌변 모양이 견실해서 형세는 호각이다.

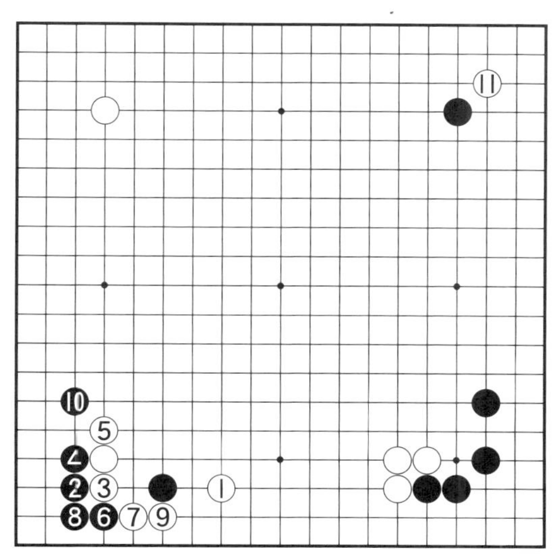

14도(3三침입의 경우)

12도 흑6 때 백1의 협공은 공격적 태도인데 흑2의 3三침입이면 상대의 장단에 맞춘다.

이하 10까지 일단락되고 나서 백11의 큰 자리로 전환하면 하변 일대가 약간 두텁게 정리된 백이 약간 편한 진행이다.

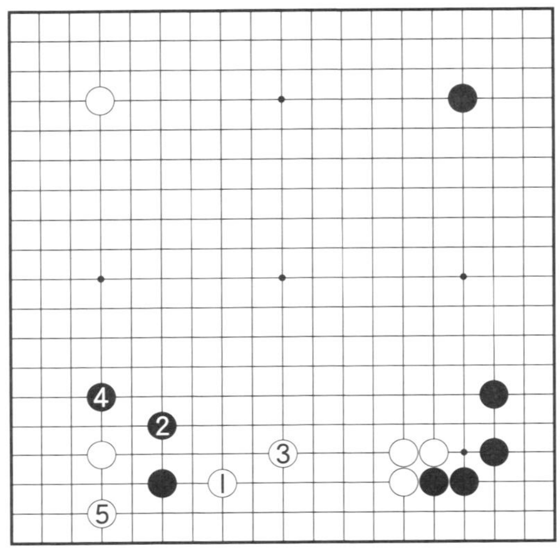

15도(흑, 중앙에 나감)

AI 시각에서, 백1에 흑은 2로 중앙에 나가 좌변을 제어하고 백도 3, 5로 변과 귀를 지키면서로 어울렸다고 본다.

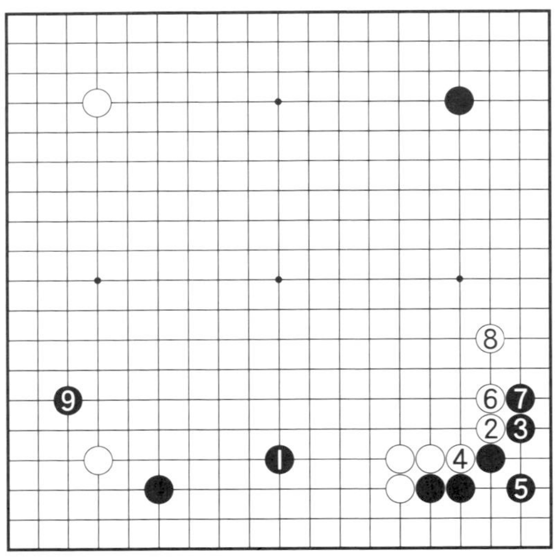

16도(흑, 먼저 벌림)

12도 백5 때 흑1 벌림도 유력한데 백은 어떻게 대응할까. 우선 백2 이하 8까지 눌러서 변에 진출하는 것이 그동안 상식이었다. AI 시각에서는 백이 두텁지만 후수이고 견실한 흑이 9로 양걸침하면 불만 없는 진행으로 본다.

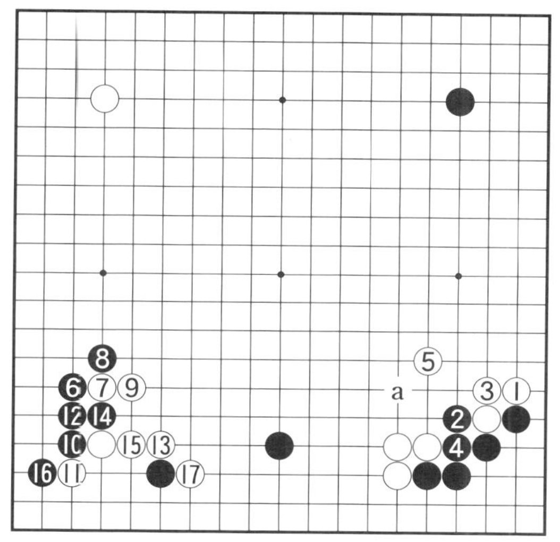

17도(백, 유력한 젖힘)

앞 그림 흑3 때라도 백1
의 젖힘이 유력하다.

흑2, 4에 백5의 포위
는 중앙 요소. 흑은 a의
맛을 남기며 6의 양걸침
으로 전환하고, 이하 17
까지 AI의 변화인데 백
이 양분됐지만 흑도 귀
가 약한 만큼 서로 어울
렸다고 본다.

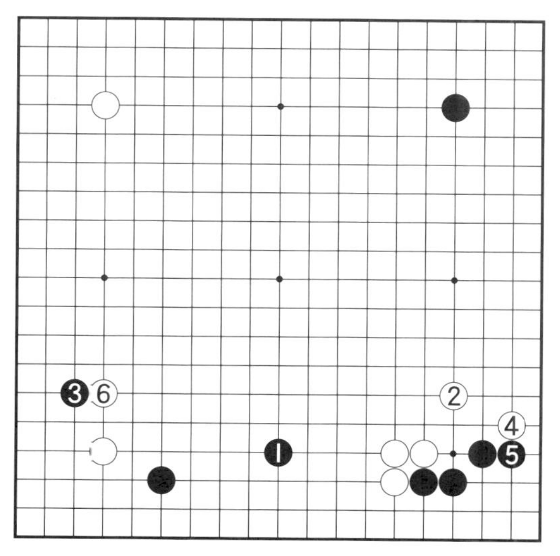

18도(백, 날일자씌움)

AI 시각에서 흑1에는
백2의 날일자씌움이 안
정적이라 본다.

흑3의 양걸침이면 백
4의 활용이 긴밀하며 6
으로 돌아오면 역시 어
울린 진행이라 본다.

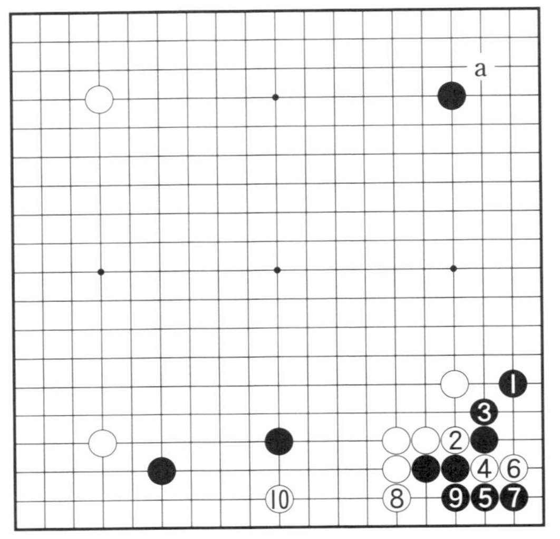

19도(백의 활용)

앞 그림 백2 때 흑1로 받으면 백은 a로 전환해도 충분하며 2의 활용도 일책이다.

흑3에 받을 때 백4로 끊은 후 8까지 결정해놓고 10으로 하변에 잠입하면 AI 시각에서 백이 불만 없다.

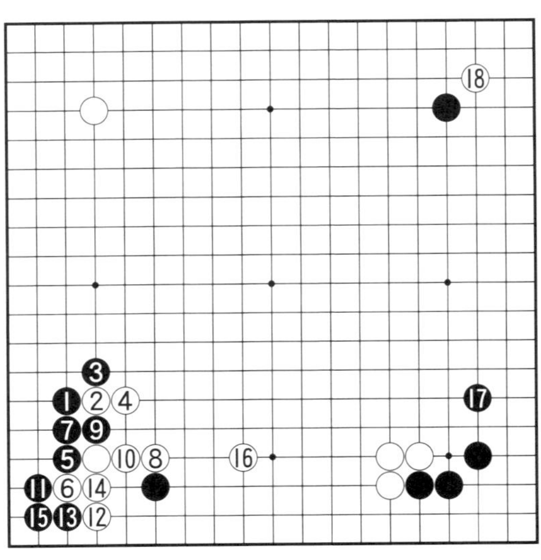

20도(무난한 정석)

12도 백5 때 흑1로 먼저 양걸침이면 백2로 붙인 후 16까지 무난한 정석이다.

이제 흑17로 받고 백18로 전환하면 거의 호각이다.

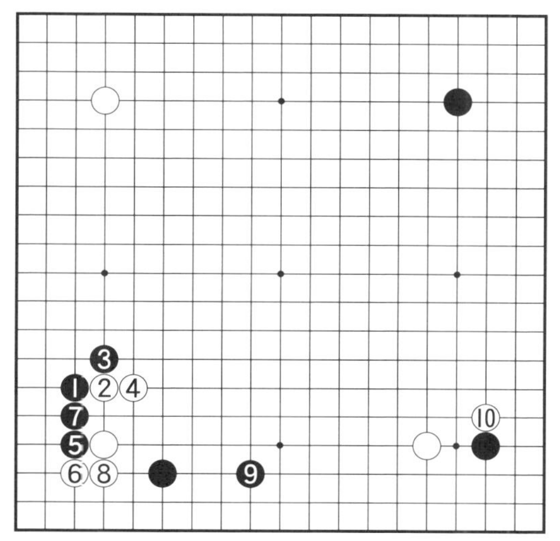

21도(처음부터 양걸침)

처음부터 흑1의 양걸침 인 경우 백2로 붙인 후 9까지 된 시점이라면 우 하귀에서 백10의 변쪽 붙임이 유력하다.

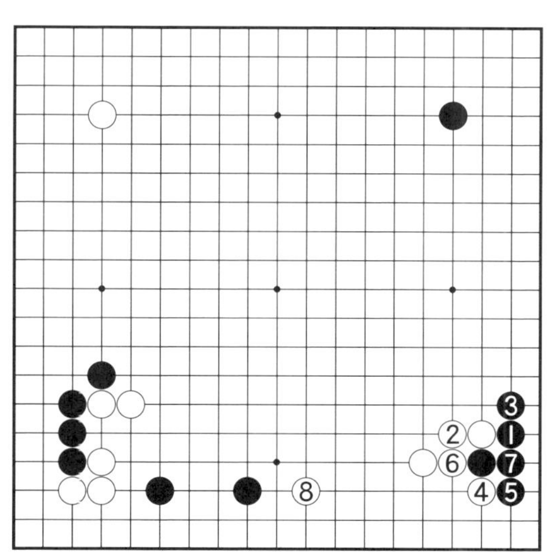

22도(알려진 정석 수순)

이다음 흑1로 젖힌 후 7 까지 알려진 정석 수순 이며, 이때 AI 시각에서 백이 8로 벌리면 충분한 국면이라 본다.

진격의 중반전

352쪽 | 목진석 감수 · 이하림 편저

바둑의 드라마틱한 중반전에 프로 일류는 어떻게 판세를 읽어가는가? 프로 고수의 실전보에서 재료를 발췌해 중반의 긴 과정을 따라가면서, 형세판단을 곁들여 나타날 수 있는 다양한 장면들을 보여준다.

이기는 바둑 시리즈

01 기본정석으로 강자가 되어라

272쪽 | 목진석 감수 · 백재욱 지음

귀의 화점과 소목에서 기본적이고 중요한 변화를 익힌다면 정석을 거의 마스터했다고 봐도 좋다. 그러므로 바둑에 강해지려면 화점과 소목의 기본정석을 마스터하라!

02 기본포석으로 승자가 되어라

276쪽 | 목진석 감수 · 백재욱 지음

최근의 포석은 처음부터 공간 전체를 활용하는 발상이 트렌드다. 그 과정에서 치열한 전투가 일어나기도 한다. 그럴수록 기본에 바탕을 둔 포석 감각을 익혀라. 그것이 안전하게 이기는 길이다.

03 기본행마로 감각을 키워라

276쪽 | 목진석 감수 · 이하림 지음

바둑은 효율이다. 효율적인 바둑을 두려면 부분적인 모양에서의 행마의 길과 쓰임새, 전체적인 안목에서의 급소와 행마법을 익혀야 한다. 이런 행마의 감각을 키워 실전에서 적절히 구사해보자.

04 기본전략으로 판을 지배하라

268쪽 | 목진석 감수 · 이하림 지음

정석은 주로 귀의 변화, 포석은 귀를 토대로 한 변의 변화가 핵심이라면, 전략은 중앙까지 염두에 둔 입체적 실전적 개념이다. 그야말로 야전(野戰)이다. 이제 야전의 세계로 들어가 보자.

05 기본사활로 수읽기에 강해져라

272쪽 | 목진석 감수 · 이하림 지음

전체 판을 주도하려면 부분전투에 능해야 하고 그런 능력을 키우려면 수읽기에 강해져야 한다. 사활은 그 첩경이다.

06 기본맥점으로 수보기에 강해져라

272쪽 | 목진석 감수 · 이하림 지음

바둑 한 판의 과정에는 다양한 맥이 숨어있다. 이런 맥을 찾는 학습으로 수를 빨리 보는 힘을 기르면 판의 급소를 읽으며 각종 전투에서 승리할 수 있다.

07 기본변칙수로 위기를 돌파하라

272쪽 | 목진석 감수 · 이하림 지음

바둑은 정석대로만 두어서는 이길 수 없다. 그 과정에는 온갖 변칙적인 수법이 도사리고 있다. 이런 위기를 극복하고 살아남으려면 불의의 변칙수를 응징하고 때로는 상황에 맞는 정의의 변칙수를 구사해 어려운 판세를 돌파해야 한다.

08 기본끝내기로 판을 뒤집어라

272쪽 | 목진석 감수 · 이하림 지음

바둑은 마라톤과 같아서 단번에 승부가 나지 않는다. 종반 역전의 짜릿함을 맛보려면 불리한 국면이라도 무모한 행동을 삼가며 때를 기다리는 인내심이 필요하다. 그런 절대 기회가 생겼을 때 끝내기의 묘미로 판을 뒤집어보자.